Shift Thinking,
Shape Brighter Tomorrow

考え方ひとつで
明日は
もっとうまくいく

Yoshihito Naito

心理学者
内藤誼人

はじめに

あなたは、ついネガティブなことを考えたりやってしまったりする今の状況を、すこしでも改善したいと思って本書を手に取ったのではないでしょうか。

具体的に、次のようなことに心当たりはないでしょうか。

- 毎日なんだかつまらない
- イヤなことをどうにか先延ばしにしている
- 友だち付き合いが面倒くさい
- イライラして人や物に当たってしまう
- 本当はもっと円満な関係を築きたい

本書はこうしたやるせなさや、ずっと抱えたままのモヤモヤした感情を解消するための「100のヒント」を紹介した本です。

私は心理学者として、日ごろから世界中のたくさんの研究論文を読んでいます。

その中には、毎日の生活に役立つこと、ストレスや不満を解消し、ポジティブな感情に変わるテクニックがたくさんあります。このことを知っていたら、みんなの悩みはもっと軽くなるのではないか――そう思うことが少なくありません。

そこで本書では、その選りすぐりの内容から、次のことを心がけて執筆しました。

- ネガティブな考え方がポジティブに切り替えられる
- すぐに行動につなげられる
- どこからでも読むことができる

ネガティブな感情を抱えながら生活をすることは、精神的にも肉体的にもつらいことです。そうした感情をいち早く手放していただきたい。もっと気楽に毎日を過ごせるようになってほしい。そう願って執筆しました。

考え方が変われば、行動が変わっていきます。あるいは、行動を変えることで、感情が変わっていくこともあります。いずれにせよ、考え方と行動が変われば、「明日はもっとうまくいく」と思えるようになるはずです。

問題は、「どこを、どう変えたらいいか」ですが、本書ではそのヒントをたくさん紹介しました。

少しでも自然体の毎日を送れるようになれば、著者としてこれ以上うれしいことはありません。それでは最後までよろしくお付き合いください。

Chapter 1

モヤっとした気分を軽くする

Chapter 2

なめらかな人間関係をつくる

Chapter 3

仕事との距離感を整える

Chapter 4

満たされた自分をつくる

Chapter 5

暮らしをもっと充実させる

Chapter 6

すこやかな心身を手に入れる

Chapter 1

モヤっとした 気分を軽くする

1

平凡な日常がつまらないと思ったら

あなたは平凡な毎日に不満を持つほうでしょうか。毎日、ハッピーな出来事がないと、「なんだかつまらない」と感じてしまうでしょうか。

もしそうだとしたら、すこし考え直したほうがいいかもしれません。というのも、私たちは実際のところ、平凡だからこそ、幸せに生きていけるからです。

私たち人間の「ポジティブ感情」は、大きく2つの種類に分けることができます。

ひとつは、熱狂、興奮、意欲、積極性などのポジティブ感情。こちらはドーパミンというホルモンが関係しているものです。

もうひとつは、心の平穏さ、安心感、リラックス、落ち着きなどに関係するポジティブ感情で、こちらはオキシトシンが関係しています。

では、日常生活の不安やストレス、自己嫌悪などを予防するのは、どちらのポジティブ感情なのでしょうか。心理学の調査によれば、後者のポジティブ感情のほうが、大きく関係していることがわかったのです。[1] つまり私たちは、ジェットコースターのようにドキドキ、ワクワクする毎日よりも、特別なことが起きないごく平凡な毎日のほうが、よほど幸せを感じることができるのですね。

私たちは、波風の立たない普通の日常にもっと満足していいのかもしれません。

平凡ということは、それだけ心も平穏ということですから。

平凡な毎日だから、心も平穏になる

2

気に入らないコンプレックスがあるなら

だれにでもコンプレックスのひとつやふたつはあるものです。

「気に入らないところは変えていきたい。でもそんな簡単じゃないし、どうしたらいいのか……」

こんなふうに、堂々めぐりをしているかもしれませんね。

とはいえ、「私はたぶん、一生このままだな」なんて、あきらめてはいけません。人間はいくらでも、何度でも生まれ変わることができます。努力をすれば、変えられないことなんて何もないのです。

五輪の代表に選ばれたアスリートの「信念」を調べた研究[2]があるのですが、優れた選手ほど「能力は生まれつきなのだから、変えられない」とは考えていません。「能力は自分の努力次第」と信じているのです。だから、苦しい練習にも耐えられるし、その練習のおかげでどんどん成長していくんですね。

名実ともに世界一の野球選手になった大谷翔平さんは、才能があったから最高の選手になれたのでしょうか。いえいえ、そんなことはありません。彼は「練習の鬼」「努力の鬼」だったからこそ、トップまで昇りつめることができたのです。

人間はいくらでも生まれ変われます。本人が変えようと思えば、いくらでも現状を変えることはできるはずです。

そのために大事なことは、まずは「自分は変われる！」と信じることでしょう。

コツコツ小さなことから変えていく

3

いつも「自分のせい」と思っているなら

物事がうまくいかないとき、ネガティブな人は、すべてを自分の責任だと感じてしまう傾向がありま
す。

恋愛がうまくいかなかったのも自分のせい。仕事がうまくいかないのも自分のせい。子どもが不良になるのも自分のせい。何でもかんでも自分のせいにしてしまうのですね。

でも、それではどんどん心が苦しくなってしまいます。

そんなときは、自分が悪いのではなく、まわりのせいにしてしまうのもひとつのテクニックです。

たとえば仕事がうまくいかないときには、「私の

説明が悪かったんだ」「私の動きが遅かったのがいけないんだ」と考えていると、気分が落ち込んでしまいます。そうではなくて、「業界全体が不景気なんだから、まあしかたない」「上司がサポートしてくれないのだから、うまくいかなくて当然」と、悪い原因を自分以外になすりつけてしまうのです。[3]

責任を他になすりつけることに抵抗がある人もいるでしょう。

でも、何でもかんでも自分のせいにするよりは、精神的に健康でいられるものです。

どんどん責任をなすりつけて気分を落ち込ませないようにする――。これもじょうずに世渡りするコツなのです。

責任転嫁するしたたかさを身につける

4

困難な出来事に遭ったときは

長い人生においては、当然いいことも、悪いこともあります。だれにでも好不調の波はあるし、ときには何もかもを投げ出したいと思うことだってあるでしょう。それでも、今はどうにもならない状況だとしても、そのうち事態は改善していくものです。

ところで、人生の満足度を高めるのに必須のものは何だと思いますか。

そのことを調べた研究によれば、人生の満足度に一番関係しているのは「希望」だったのです。[4]

そう、「希望」を失わない人ほど、人生に満足していたのですね。

「希望」を持つ人には考え方のクセがあります。それが、「まあ、どうにかなるだろう」といった考えです。

困難な出来事に遭遇しても、「そのうちどうにかなる」と思っていれば、絶望はしません。そして、実際にそのうちになんとかなってしまうものです。

受験で失敗したら、人生失敗でしょうか。そんなことはありませんね。会社をクビになったら、もう生きていけないのでしょうか。いやいや、そんなこともありません。

人生にはいろいろな問題が次から次へと起こるものですが、今後はいちいち落ち込むことはやめましょう。

希望を失わず、気楽な気持ちで生きていくのがポイントですよ。

「きっとどうにかなる」と考える

5

考えたくないことを考えてしまうときは

イヤなことはできるだけ考えないようにしたい、マイナス思考を克服したい……。そう考えるのが一般的です。あなたも、きっと同じではないでしょうか。

ところで「イヤなことは考えないようにしよう」「忘れよう」と意識して、本当にうまくいくものでしょうか。

「考えない、考えない」と努力するほど、余計にそのことを考えてしまうのではないでしょうか。

この現象のことを、心理学では「皮肉効果」と呼んでいます。考えないように努力すると、皮肉なことに、考えたくないと思っている、まさにそのことばかりが頭に浮かんでしまうのです。ですから「(考えたくないことを)考えない」ようにすることは、むしろやめたほうがいいでしょう。

では、どうしたらいいか。

ポイントは、違うことに意識が向くように行動することです。

体を動かしたり、好きな動画を見たり、本を読んだり、部屋の掃除をしたりして、「考える」以外の活動をすることです。そうすれば、その間はネガティブな思考は浮かばなくなります。行動している対象に意識が向くからですね。

やがてネガティブ思考も自然消滅してくれますから、それまでは他の活動に集中するのが一番なのです。

「考える」以外の活動をする

6

つらい体験をポジティブに変えたいときは

つらい体験は、できればしたくないですよね。でも人生には、ときに悲惨なことが降りかかるものです。

そうした体験は、たしかにつらいことです。ただ、考え方によってはチャンスとも言えます。私たちは悲惨な目にでも遭わなければ、なかなか自分を変えようとはしないからです。

悲惨な体験は、大変に苦しいことかもしれませんが、生まれ変わるチャンスと思えば、そんなに悪いことでもなくなるのではないでしょうか。

初期の乳がんと診断された患者を調査した研究があります。[6]それによると、多くの患者は、がんになったことに対してポジティブな受けとめ方をしていることがわかりました。

とりわけ、家族や友人のありがたみがよくわかったそうです。

それまでは「当たり前」の存在だった家族や友人の存在も、乳がんになることで、「やっぱり家族や友人って本当にありがたいなあ、貴重だなあ」と心から実感できるようになったというのです。

それまでの人生では、ずっと自分勝手で、ワガママな振る舞いをしていた人でも、病気をきっかけにとても思いやりのある人に変わることがあります。「当たり前」のありがたみがわかるからですね。

そう考えると、つらい体験も、ポジティブに自分を変える糧《かて》にできるのです。

「当たり前」をありがたいものと考える

7

トラウマを引きずっているなら

あなたには、トラウマになっている出来事があるでしょうか。

当然トラウマですから、それはイヤな体験として心にずっと残っているかもしれません。

とはいえ、トラウマ的な出来事に巻き込まれたからといって、その後の人生がすべて悲惨なものになるかというと、そういうわけでもありません。

人間には、どんなに過酷な状況からでも立ち上がる強さがあるからです。

これを「トラウマ後成長現象」と呼びます。

たとえば、急性冠症候群（急性心筋梗塞など）から生き延びた患者の71・2%にトラウマ後成長現象がみられています。[7]

トラウマ後成長現象は、それほどめずらしい現象ではありません。

じつは人間はそんなに弱い存在ではなく、どんな状況からでも自己成長していく強さを持っているのですね。

かりにつらい思いをしても、「よし、この体験を糧にして、もっと強い自分になってやろう！」という気持ちを持つ機会にすること。

ぜひあなたも、自身のトラウマをそのようにとらえてみてください。

トラウマを糧に強い自分をつくる

8

いつまでも続く問題に悩まされているなら

心の悩みというものは、自分の考えひとつで大きくなったり、小さくなったりするものです。

もし何らかの問題が起きたとしても、「問題なんてすぐに消える」と考えていれば、悩みは本当にすぐに消えてしまいます。

「この問題はいつまでも続くのでは？　もう一生続いてしまいそう……」などと考えてしまうから、心の中でその問題がどんどん大きくなってしまうのです。

難民に対して調査をした研究があります。[8] 難民ですから帰る家もお金もなく、相当な精神的ストレスを抱えている人たちだと考えるでしょう。それでも問題を小さくとらえ、「まあ、なんとかなる」と前向きに考える人は、じつはそれほど悩んでいないことがわかっています。

目の前に立ちはだかる問題は、私たちの心を不安定にします。

でも心配しすぎてはいけません。

「まあ、そのうちどうにかなる」

「こんな状態がいつまでも続くわけがない」

「やまない雨なんてない」

こんなふうに自分に言い聞かせ、希望を失わないようにするのがネガティブな状態を乗り切るコツです。

「問題」は永遠には続かないと信じる

9

体の痛みを軽減したいときは

きっとあなたも、歯が痛い、ヒザが痛い、肩こりがひどいなど、あちこちに痛みを感じているかもしれません。

この「痛み」ですが、じつはある程度主観的なものとされています。本人が「痛い」と思うから痛いのであって、「たいしたことがないや」と思えば、痛みは軽減されるといわれているからです。

元気に走り回っている小さな子どもが、転んでヒザをすりむいて大泣きしているとします。ところが母親が駆け寄り、「痛いの痛いの、とんでいけー」と魔法をかけてあげると、すぐに泣き止んでしまうものです。まだ血が出ていても、痛み止めのお薬を飲んだわけでもないのに、子どもはケロリとしてまた走り始めます。不思議と「痛くない」と思えば、「痛くない」のです。

関節リウマチの外来患者に「あなたの症状はどれくらい重いと思いますか？」という質問をして、痛みの強さを聞いてみた心理学の調査があります。[9] すると、本人が「私は症状が重い」と思うほど、激しい痛みを感じることがわかりました。

痛みというものは、実際にそこが悪くて生じることですが、本人の思い込みによって強められてしまっている可能性があることも考慮する必要があります。

たとえ症状がひどくても、「私の病気なんて、他の患者に比べたら、全然たいしたことない」と思っていれば、痛みも軽くなるからです。

「たいしたことない」と考える

10

痛みの恐怖をぬぐいたいなら

前項で、痛みは主観的なものだというお話をしました。これはとても大切なことですので、いくつか違う研究もご紹介しましょう。

ドイツにあるドレスデン工科大学のキャロリン・ユンゲは、1649名の妊婦に、出産についての恐怖を測定するテストを受けてもらいました。得点は0点から165点なのですが、85点以上を「非常に恐怖を感じる群」としました。

それから実際に出産を体験し、陣痛の痛みを聞いてみると、非常に恐怖を感じる人ほど、強い痛みを感じることが明らかにされました。怖がっていると、痛みが強くなってしまうのです。

またオランダのマーストリヒト大学のマイケル・ソマーは、選択的手術（緊急性のない手術）を受けることになっている1490名に、手術前に「どれくらい痛いと思うか？」と聞いてみました。また手術後、5日間に渡って痛みの強さも聞いてみました。

その結果、手術前に「痛そう」と思っている人ほど、手術後に痛みを感じることがわかりました。

痛みは、私たち自身がつくり出してしまうもの。

「痛くない」と思っていれば、痛みは軽減されますし、「痛そう」と思っていると本当に痛くなります。

このことを知っていれば、次からは気をつけることができるので役立ててください。

「痛そう」と考えない

11

頑固な自分を変えたいときは

男性は、女性と比べるとライフスタイルを変えようという意識が低いことがわかっています。従来のライフスタイルに執着し、自分を変えようとしないのです。

女性はというと、気分転換のためにヘアースタイルを変えたり、服装の趣味を変えたりすることが多い傾向がありますが、男性は基本的にそうしたことをほとんどしません。

男性の多くは、何十年も同じ髪型や服装を続ける傾向があります。

こういうわけですから、男性は生活習慣を変えるのも、苦労することが多いです。本当は生活習慣を変えたほうがいいとわかっていても（特に食習慣や喫煙習慣）、抵抗感を抱いてしまうのです。

なぜ、男性はこれほど頑固なのでしょう。

ある研究によると、年配の男性は「今さら変わるにはもう遅すぎる」と感じ、若い人は「今すぐに変える必要はない」と感じているからだそうです。[10]

したがってライフスタイルを変えたいなら、逆の発想をするのがおすすめです。

年配者なら、「まだ変わるには遅くない」と考えるべきですし、若者なら、「今から変えておかないと後で苦労をする」と考えるようにします。そうすれば、「自分のライフスタイルを見直そう」という気持ちに変わりやすくなるでしょう。

「変えたい」と思ったらすぐ動き出す

12

自分に限って身体の心配はないと思ったら

若い人は、あまり体の検査を受けません。「今はまだ健康だから、大丈夫」と安易に考えるためです。どこにも悪いところがなく、健康だと思っているので検査の必要を感じないのが大きいでしょう。そのため病気の発見が遅れ、取り返しのつかない事態になってしまうことが少なくありません。

ところが、「将来後悔するかも？」と考えてみることで、検査率は一気に高まることがわかっています。

４２７７名の女性に子宮頸がんの検査を受けるかどうかを調査した研究があります。[11]

およそ半数の人には「子宮頸がんの検査を受けな

いと、後悔すると思いますか？」と質問してみました。すると、このグループでは65％がその後に子宮頸がんの検査を受けることがわかりました。一方で、後悔するかどうかの質問はせずに、ただ「検査を受けますか？」と聞いたグループでは、検査を受けたのは44％にすぎませんでした。

つまり「後悔しませんか？」と質問するだけで、20％も検査を受ける人が増えたことになります。

検査もそうですが、生活習慣を変えたいときにも、「後悔」について考えてみるといいでしょう。「このままだと後悔するかも」と考えると、今までの習慣を変えていかなければ、という気持ちが生まれてきやすくなるからです。

このままで本当に後悔しないか考える

13

いつかだれかが何とかしてくれると思ったら

米国ラトガース大学のローリー・ルドマンは、女子大生にどれくらいロマンチックな空想をするのかを聞きました。「いつの日か理想の人が現れて自分を迎えにくるはず」という空想をするかどうかを尋ねたのです。

すると、こういうロマンチックな空想をよくする女性ほど、勉学での成功も、お金も、地位の高さもあまり求めないことがわかりました。

なぜでしょうか。

ドマンによれば、ロマンチックな空想をよくする人は他者依存になりやすいから。他者依存の人は、「自分の人生なのだから自分で切り開いていこう」という意欲が弱くなってしまうのです。「黙って待っていれば理想の人が現れるのなら、わざわざ自分が頑張る必要がない」と考えるのも無理はありません。

とはいえ、現実問題として、こうした空想がかなうのは難しいのではないかと思います。人生というものは、そんなに都合よくはいきませんからね。

ある程度の努力や行動、主体性があるから報われるのであって、他の人を頼りにしているだけで、思い通りになることなんて、そうそうあるものではありません。

ロマンチックなことを考えるのは自由ですが、それは夢想というか妄想にすぎないということはわかっておくべきでしょう。

自分の人生は自分で切り開く意思を持つ

14

タバコとお酒が好きな人は

覚せい剤や大麻に手を出してはいけないということは周知の事実ですが、では、タバコとお酒はどうでしょうか。

こちらについては「まあ、それくらいなら……」と考えている人も少なくないでしょう。

ところが、じつをいうと、ある種のドラッグよりもタバコとお酒はずっとたちが悪いのです。

19の違法薬物と、そこにタバコとお酒を含めて、その有害さ（中毒性や依存性、社会に対しての影響など）について専門家にランキングをつけてもらった調査があります。[12]

すると専門家集団が1位にあげたのはクラック・

コカインで、2位はヘロインとなりました。これはなんとなくイメージできます。

ところが驚くべきなのは、3位がタバコ、4位がお酒だったことです。タバコとお酒は、エクスタシーやLSDなどの麻薬よりも有害と判断されたのです。

タバコは、個人の健康を損ないますし、副流煙によって身近な人にも迷惑をかけます。

お酒はというと、気が大きくなって暴力事件を起こすこともありますし、酔っぱらったまま運転をすると交通事故を起こすリスクも増えます。

「タバコとお酒くらい」と軽く考えてはいけないのですね。

それらは、ある種の麻薬よりも危険だということを覚えておきましょう。

薬物と同程度の危険があると認識する

15

子どもの心配事が増えてきたら

親である以上、子どもへの心配は尽きないものです。「友だちはできるだろうか」「イジメられないだろうか」「受験はうまくいくだろうか」と、ずっと心配し続けるものです。

親の悩みの種のひとつに「子どもが荒れないだろうか」というものがあります。思春期になり反抗期を迎えたら、家の中のモノを投げて壊したり、殴りかかってきたりしないか心配になるのです。

けれども、その心配はたいてい杞憂《きゆう》にすぎません。

ノースウェスタン大学のダニエル・オファーによりますと、思春期は「疾風怒濤《しっぷうどとう》」の時代と言われ、気持ちや感情が乱高下して、自分ではコントロールできなくなる……というのは単なる都市伝説であり、ウソだというのです。

オファーが調べたところ、80％の子どもは思春期をきわめてうまく乗り切っています。「あれ、反抗期は？」と拍子抜けするくらい、大半の子どもには何も起きません。

残りの20％の子どもだけがうまく乗り切れないのですが、それでも家族や友人のサポートなど必要な援助を受けることができれば、たいてい大きな問題は起きなかったそうです。

したがって、子どもが思春期を迎えるのを、それほど恐れることはないんですね。

どうしても子どもの心配は尽きないのが親心ですが、頭を悩ませすぎないようにしたいものです。

たいていの心配事は杞憂にすぎない

16

お金持ちに あこがれるなら

「将来は金持ちになってやる！」「早期リタイア（FIRE）を目指すぞ！」などと、大きな夢を持つことは大いに歓迎したいところですが、あえて逆のアドバイスをさせてもらいます。物質的な成功よりも、心理的な成功を狙ったほうがいいというお話です。

１９７６年に入学した21の大学の新入生に「あなたにとって経済的に成功することはどれくらい重要ですか？」と聞いてみた調査があります。[13] それから約20年後、その学生たちがどうなったのかを追跡調査してみたのです。

その結果、大学１年生のときに「大金持ちになる」と大きな夢を抱いている人は、実際20年後には金銭的には裕福になっていました。その意味では、夢がかなったといえるでしょう。

けれども、人生の満足度は違いました。お金持ちになり、夢がかなったというのに、人生満足度は低かったのです。

成功者になるためには、多くの時間を仕事に捧げなくてはなりません。家族や遊びのことは犠牲にして、仕事に全力を出さないとそうそうお金持ちにはなれません。そういうわけで、お金持ちになれても「これで本当によかったのかなあ」という後悔がつきまとい、人生満足度は低くなる傾向があるのです。

そんなにお金持ちになれなくてもいいのではないでしょうか。仕事やお金ばかりに目を向けるのではなく、もっといろいろなことに目を向けたほうが、人生を楽しめると思うのです。

人生を楽しむことを犠牲にしない

17

長く苦しい時期が続いているなら

人生においては、どうしても苦しい時期というものがあります。

苦しい時期はだれでも苦しいのですが、それはしょせん一時的なものにすぎません。ですので、「苦しいのは今だけなんだ、これを乗り越えれば後は楽しいはずだ」と自分に言い聞かせるようにするといいでしょう。

やまない雨がないように、苦しい時期もそのうち終わります。ですので、楽しいことを考えるようにするのが苦しい時期を乗り切るコツです。

たとえば、受験。中学3年生や高校3年生は、どうしてもストレスを感じる時期です。ですが、それは一過性にすぎないと考えてください。なんとかその時期さえ乗り切ってしまえば、後はどうにでもなります。

あるいは中高年の危機。ミッドライフ・クライシスと呼ばれる時期です。

幸福感は、若者と年配者が高く、中年ではひどく落ちる傾向があります。[14] 年齢的に責任のある仕事をまかされるようになったり、子育ての時期などと重なったりしてしまうからでしょう。

このように人生には何度か苦しい時期がめぐってくるものですが、それはだれにでも起きるものですし、生涯続くわけでもありません。ですから、できるだけ気楽に考えて乗り越えたいものです。

苦しいのは今だけと信じる

18

心配で身動きがとれないときは

私たちは、イメージで恐怖を膨らませてしまうことがあります。実際にはたいしたことがないのに、あれこれとイメージを膨らませ、どんどん恐怖を大きくしてしまっているのです。

ある病院で、１５３名の救急病棟の看護師や医療関係者に、かりに交通事故で脊髄《せきずい》損傷になったとして、どれくらい「生きていてよかった」と思うかを尋ねてみました。[15] すると「生きていてよかった」と思うのはせいぜい18%だろうと予想しました。

次に、実際に交通事故に遭い、脊髄損傷になった患者にも同じことを聞いてみたところ、患者たちの92%が「生きていてよかった」と答えたのです。

脊髄損傷になって一生車椅子生活になるのはとてもイヤなことだと想像しますよね。ところが、実際にそれを経験した人は、「生きていられるだけでも幸せ」なのです。

つまりそんなに不幸かというと、そうでもないということです。

もちろん苦しいことは苦しいのでしょうけれども、私たちが思うほどには絶望感にさいなまれているわけでもないといえるでしょう。

このように私たちは、経験していないことの恐怖や問題を大きく考えてしまう傾向があります。でも、実際に心配していることが起きれば、たいていは心配したほどたいしたことがなく乗り切れるわけですから、心配しすぎなくていいということになります。

起きていないことを心配しすぎない

Chapter 1 脚注

1 英国ダービー大学のポール・ギルバートの調査による。

2 英国ラフバラー大学のナタリー・ジョウェットによる研究で、トラック競技とフィールド競技の合計40名の選手を調べた。

3 米国ミシガン大学のクリストファー・ピーターソンも、うまくいかないときに「自分のせい」だと考える人は、他に原因があると考える人よりも、抑うつになりやすいという調査結果を得ている。

4 米国ロードアイランド大学のN・パークがインターネットで募集した5299名に人生満足度を測定するテストを実施した。

5 ベルギーにあるゲント大学のバーバラ・ソーテンスは、食事制限をしている77名の女子大生を対象におこなった実験で、「食べ物」について考えないように指示すると、かえって食べ物関連のイメージばかりが頭に浮かびやすくなることを突きとめた。

6 米国マイアミ大学のケンヤ・ウルクヨによるもので、初期の乳がんと診断された患者230名に、手術直後、3か月後、6か月後、12か月後に調査をおこなった。

7 イスラエルにあるテル・アビブ大学のイリット・ブルブスタインによる調査。このほかにも、カナダにあるブリティッシュ・コロンビア大学のリンディ・カッスルによる調査では、ナチによるユダヤ人迫害のホロコーストから生還できた45名と、比較のためのユダヤ人21名を調べ、生き延びた人の多くはその体験を糧にして自分の成長へと役立てていたことがわかった。

8 米国ワシントン大学のアミー・アイは、コソボ戦争の難民50名に対して、「問題はすぐに消える」と思うかどうかを尋ねる一方で、心の健康度も測定した。すると、すぐに消えると思っている人ほど、悩みや不安に苛まれることが少なくなることがわかったと報告している。

9 英国サリー大学のアレクサンドラ・カーリスルは、106名の関節リウマチの外来患者に、「あなたの症状はどれくらい重いと思いますか?」という質問と、痛みの強さを尋ねた。その結果、本人が「私は症状が重い」と思うほど、激しい痛みを感じることがわかった。

10 アイルランド国立ゴールウェイ大学のサーシャ・ガバーンによる。

11 英国リーズ大学のトレーシー・サンドバーグの調査による。

12 オランダにあるラボラトリーズ・フォー・ヘルス・プロテクション・リサーチのジャン・アムステルダムによるもの。なお専門家には、医者、薬剤師、毒物学者、社会科学者、疫学者などが招かれた。

13 米国イリノイ大学のキャロル・ニッカーソンによる。

14 スウェーデンにあるルンド大学のウルフ・ガーザムによる研究。幸福感と年齢にはU字型の曲線関係が見られる。

15 米国コロラド州にあるクレイグ病院（神経リハビリテーションの専門施設）のケネス・ガーハートによる調査。

Chapter 2

なめらかな
人間関係をつくる

19

友だち付き合いが面倒と思ったら

「人間関係なんて、ただ面倒なだけ」

「一人でいるほうが、気がラク」

あなたは、そんなふうに思っていませんか。

もしそうだとしたら、少し考え直したほうがいいかもしれません。

たしかに、一人で生きていけなくもない世の中になりました。でも、私たちの孤独感と免疫系には一定の関係がありそうなのです。

健康なボランティアにお願いして、鼻にライノウィルス（一般的な風邪のウィルス）を入れて5日間の経過を観察した実験があります。[1] 実験とはいえ、風邪のウィルスに感染させられるのですから、たまったものではありませんね。

さて、どんなことがわかったのでしょうか。

この実験を開始する前に、参加者全員に「孤独感」を測定するテストを受けてもらっていたのですが、なんと孤独を感じやすい人ほど、風邪の症状は重くなりがちという結果になりました。

友だちがいない人は、精神的に弱くなり、免疫系の働きも弱くなります。そのため、さまざまな菌やウィルスへの耐性が落ちてしまうのです。

心身の健康のためには、互いに通じあえる友だちをつくっておきたいもの。

友だちがいれば、免疫系も活性化するので、身体も軽く感じますし、心のほうもイキイキとしてきますよ。

友だちづくりを「免疫づくり」と考える

20

人付き合いが苦手なら

人付き合いが苦手と感じている人は少なくないでしょう。かくいう私もそうで、あまり積極的に人脈を広げようとは思わないタイプです。

とはいえ、人付き合いを頭から否定し、毛嫌いするのもよくありません。

なぜかというと、人付き合いは長生きの秘けつとも考えられているからです。

米国カリフォルニア大学アーバイン校のサラ・プレスマンは、96名の心理学者と220名の文芸作家の自伝を調べ、言語分析ソフトを使ってそれぞれの自伝の中に出てくる人間関係の単語（父、母、姉、弟、友人、同僚など）の数をカウントしてみました。また、アーカイバルデータでその人の生まれた日と死亡した日を調べ、年齢も調べてみました。

その結果、心理学者も文芸作家も、どちらのサンプルでも人付き合いに積極的な人ほど、長生きできることがわかったのです。

人間関係は、たしかにわずらわしいと感じることもあります。

ですが、それと同じくらい、いやそれ以上に私たちに幸福感を与えてくれるものです。そういう幸せな気持ちが、私たちの寿命を延ばしてくれるのではないかと考えられます。

付き合いが面倒だとか、わずらわしいと考えている人は、「もうちょっと積極的になってみようかな」と考えるきっかけになればと思います。

「寿命が延びる」と考えてみる

21

人からイヤなことをされたら

あなたは、人にイヤなことをされると、根に持つほうでしょうか。いつまでも、クヨクヨ、ネチネチと根に持つより、「まあ、許してやるか」と水に流せるほうが気分はラクになりますね。

米国で離婚者におこなった研究があります。[*2]

離婚をすることは、怒りや抑うつ、不満などのネガティブ感情をもたらしてしまうものですが、そうした否定的な感情にならない人もいました。

どういう人がネガティブにならないのかというと、元配偶者を「許してあげられる」人です。

一方「あいつのせいで私の人生は台無しだ！」などと考え、いつまでも怒りを忘れない人ほど、悶々とした気持ちが続くのですから、心が休まりません。

離婚にはさまざまな要因が考えられますが、すべて元配偶者が悪いと考え、いつまでも許してあげないと、結局は自分のメンタルを損なう結果になりかねません。ですから、ある程度のところで、「まあ、許してやるか」という気持ちを持ったほうがメンタル的にも得策なのです。

仕事でもそうで、職場に気に入らない人がいても、その人に絶えず怒りを感じてもしかたがありません。どうせ職場では顔を合わせなければならないのですから、そんなにカッカしないで、「広い世の中には、ああいう人も一定数はいるだろうし、まあいいか」と許してあげたほうがいいでしょう。

「許してやるか」とおおらかに考える

22

敵意や悪意を感じたら

「あいつ、陰で私のことを悪く言っているんじゃないかな」

「なんだかいつも私にだけ嫌がらせをしてくるような気がする」

このように、人の悪意を感じることはないでしょうか。もしそう感じるのが多いなら気をつけてください。そういう気持ちを多く感じる人ほど、そのたびに血圧も心拍も上がりますし、心臓病関連の病気になりやすくなってしまうからです。

うっ血性心不全を経験した68名の外来患者を4年間に渡って追跡調査をした研究があります。[3]

その研究によると4年後までに39・7％の患者が

もう一度心臓関連の病気になり、それを予測する一番の要因が「敵意」と判明したのです。他の人に敵意を感じることが多い人ほど、心臓関連の病気になりやすかったというわけです。

悪意を感じる相手は、単に口が悪いだけかもしれませんし、バカにするつもりなど毛頭ないのかもしれません。こちらが勝手に悪意を感じてしまっている可能性もあります。かりに相手の中に、こちらに対する悪意があり、嫌がらせを受けたとしても涼しい顔をしてやり過ごすこと。

先ほども述べましたが、いちいちカッカするのをやめ、「まあ、いいや。許してやるか」の精神を持つことが大切です。

さらっとうまいこと受け流す

23

人の意見や考えに違和感を持ったら

私たちは、自分の考えや意見が正しくて、相手は間違えていると考えてしまう傾向があります。きっとあなたにもそういう経験はあるでしょう。

自分と反対の意見や信念を持っている人に出会うと、「なんだか気に入らない」などと思ってしまいがちですが、意見や信念は十人十色です。

「まあ、そういう人もいるだろうね」と軽く流すことが大切です。

どんな問題でも「たいしたことはない」と考える心理テクニックは、「ダウンプレイング」と呼ばれています。ダウンプレイングをするほど、人付き合いはうまくいくとされ、付き合いの破局を避けることができるのです。[4]

意見が食い違っていることに気づいたとしても、「だからといってお別れするほどでもないな」とか、「多様性の時代だし、そういう考え方もあるか」と軽く受けとめるようにするのがポイントです。

歴史を振り返れば、自分の信じていることだけが絶対的に正しく、相手の考えはすべて間違いだと思い込んでいると、泥沼の争いが起きてしまいます。

そういう悲惨さを避けるためには、少しくらい意見や信念の食い違いがあっても、いちいち目くじらを立てて怒ったりしないことが大切です。

「違い」を軽く受けとめる

24

言い争いになりそうなときは

言い争うことほど醜いものはありません。どちらかが折れない限り、どんどん争いはエスカレートするばかりだからです。

もし言い争いになりそうな雰囲気になったら、さっさと優雅に負けてあげたほうがいいでしょう。それが大人の対応というものです。

「うん、なるほど、キミの意見のほうが正しい」

「○○さんのおっしゃる通りかもしれないな」

「そう言われると、たしかに私のアイデアは弱いですね」

こんな感じで、さらりと相手に勝ちをゆずってあげるのです。

勝ちをゆずってあげる

言い争いのときには、さっさと負けたほうがストレスも感じずにすみます。

もし言い争いに勝ったとしても、相手は気分が害されるでしょうし、人間関係も険悪なものになってしまいます。へたをすれば復讐されたり、嫌がらせを受けたりするかもしれません。あることないこと、悪いウワサを言われる可能性だってあります。結局、言い争いに勝っても、いいことはないのです。

というわけで、言い争いになりそうだなと少しでも感じたら、なるべく早く議論を切り上げるほうが得策です。

25

親切な人になりたいと思ったら

「友だちづくり」は大切ですが、「友だち選び」も同じくらい大切です。

「朱に交われば赤くなる」ということわざがありますが、付き合う友だちによって自分自身も変わっていくからです。

ポイントは、できるだけ親切な友だちを選ぶこと。

人間関係において重要なのは、他の人を思いやる心を持つことであり、他の人に感謝の気持ちを持って接することです。親切な人は、まさにそういうタイプですので、ぜひそういう人とお付き合いしたいものです。

友だちが他の人に親切にしているのを間近で見て

いれば、あなたもその友だちに感化され、どんどん親切な人になっていくことが期待できます。朱に交われば、どうしても赤くなるものなのですね。

米国ノースカロライナ大学のサラ・アルゴーは、他の人に「ありがとう」とお礼を言っている人が登場するビデオを見せると、その後には自分も善意のある行動をとりやすくなることを実験的に確認し、これを「目撃者効果」と名づけています。[6]

また、親切な人はめったに人から嫌われることがありませんし、人間関係が円満であれば、素敵な人生を歩むことができるはずです。

そういう意味でも、ぜひ親切な人と友だちになっておきたいですね。

なりたい自分像に合わせて友だちを選ぶ

26

つい相手を疑いの目で見てしまうなら

「性善説」と「性悪説」という考え方があります。人はもともと善意にあふれているとする考え方が性善説で、反対にだまそうとしていると考えるのが性悪説です。

ネガティブな人は、他の人を悪くとらえがちです。人のことを信用できないし、気をつけないといけないと思っている傾向があります。

どちらの思想を持てば生きやすいかは明確で、もちろん性善説でしょう。

人に会うたびに、「だまされるのではないか？」と疑ってかかっていたら、これは疲れますからね。

性悪説を信じている人は、たとえば、バレンタインのチョコをもらったときでも、「私をからかっているのではないか？」「喜んでいる僕を見て、後で笑いものにするつもりなのではないか？」などとひねくれた考えをしてしまい、素直に喜べません。いつでもこんな具合ですので、気が休まらないのです。[7]

人付き合いで疲れないコツは、人は善意にあふれているものだという信念を持つことです。いちいち悪意を疑っていたら、毎日疲れてしまいます。

人の善意を信じるほうが、結局は自分のためになる（日ごろの心理的負担は軽くなる）ということは覚えておくといいでしょう。

人は善意にあふれていると信じる

27

相手の真意がわからずモヤモヤしたら

相手の考えがわからずにモヤモヤとすることはないでしょうか。

たとえば、上司が自分にだけものすごく厳しいと感じているとしましょう。「他の人にはやさしくするくせに、私に対しては文句ばかりだ」と自分では思っているとします。でも、上司の真意はわかりませんよね。

こんなときには、思いきって本人に直接聞いてしまうのが一番です。

「〇〇さんって、私のことが嫌いなのでしょうか?」と。すると上司のほうは、きょとんとした顔をして、「えっ、全然そんなことないんだけど」と答えてくれるかもしれません。上司が自分にだけ冷たいとか、厳しいというわけでもないことが、相手に聞いてみればすぐにわかってしまうことが少なくありません。

自分にだけたくさんの仕事を与えてくる上司は、「仕事ができる人」と高く評価してくれているだけなのかもしれません。そういうことは、直接聞いてみないとわかりません。

私たちの考えは、往々にしてネガティブな方向にゆがみやすいので、そういうゆがみを矯正《きょうせい》すればもっと心理的にラクに、健康でいられるという指摘があります。[8]

そのコツは、さっさと相手に聞いてしまうこと。そうすれば、「なあんだ、そうだったのか」という事実に早く気づくことができ、悩みも一瞬で解決できますから。

ちょっとの勇気を出して、積極的に質問してみるといいでしょう。

モヤモヤは「質問」で解消する

28

ひと言で円満な関係を築くなら

日本人は恥ずかしがり屋の人が多い傾向があり、なかなか感謝を口に出して伝えられません。

特に近しい人であるほど「いつもありがとう」というひと言がなかなか出てきません。

感謝の気持ちがあるのなら、それをもっと相手に伝えてあげたほうが、相手もうれしいに決まっています。

とはいっても照れくさいということであれば、それは単なる練習不足です。

ふだんから「ありがとう」という言葉を口癖のように使うようにしていれば、だれでも感謝の言葉がすんなり出てくるようになります。

たとえば、お店で食事をしたら、会計のときに「ありがとうございました、おいしかったです」と店員さんにお礼を言いましょう。本当に料理がおいしかったのかどうかは関係ありません。感謝の練習だと割り切ってください。練習だと思えば、そんなに緊張もしません。

スーパーやコンビニで会計のときにお釣りをもらったら、やはり「ありがとうございます」と声に出してみます。いろいろな場面で感謝を言えば言うほど、練習量も増えるので、それだけ感謝の言葉が言いやすくなっていきます。

人に会ったときには、必ず1回は「ありがとうございます」と言うルールを自分に課してしまうのがおすすめです。たちまち明るく健全な毎日を送ることができますよ。[9]

日ごろから感謝の言葉を伝える

相手に喜ばれる考え方のコツとは

「あばたもエクボ」という言葉がありますよね。

「あばた」とは天然痘《とう》が治った後に顔に残ってしまうひどい跡《あと》のことです。

好きな人ができると、本来は醜《みにく》いはずのあばたまで、魅力的なエクボのように見えてしまう、という意味で使われます。

自分が付き合っている友人、あるいは恋人に対しては、「あばたもエクボ」の思考法、つまり、ポジティブな方向にゆがんでいるくらいがちょうどいいと思います。

そういう目で相手を見てあげれば、相手もうれしいと思うはずですし、こちらも幸せな気持ちになれます。

６６８５組のカップルに、16の特徴（セクシーさ、思いやりなど）に対して、自己評価とパートナーの評価をしてもらった調査があります。[10] このとき、相手との付き合いにどのくらい満足しているのかも教えてもらいました。すると、自分自身を評価したときより、相手のことを高く評価してあげるようなカップルほど、お互いに満足度が高くなることがわかったのです。

一般的に、モノの見方がゆがんでいることは、あまりいいことではないと考えられています。しかし、人間関係においては違います。ポジティブな方向にゆがんでいればいるほど、幸せないい関係づくりができるのです。

人をポジティブにゆがめて評価する

30

恋人との過去をいち早く清算するには

別れた恋人の写真や誕生日プレゼントなどをいつまでも取っておこうとする人がいます。

心理学的にいうと、思い出の品をいつまでも取っておこうとするのは、あまりよくありません。

なぜなら、思い出の品を目にするたびに、失恋の心の痛みを思い出してしまうから。

いい思い出もたくさんあるとは思うのですが、どこかで心に踏ん切りをつけ、思い出の品も処分することをおすすめします。

元恋人の写真を注視しているときの脳の活動について、ＭＲＩ（核磁気共鳴画像法）で調べた研究があります[11]。

その結果、元恋人の写真を見ていると、痛みをつかさどる「島皮質《とうひしつ》」と呼ばれる脳の領域が活性化されることがわかりました。元恋人の写真を見ると、心が痛むのです。

別れた恋人とヨリを戻したいと思うのであれば、思い出の品を保有していてもいいでしょう。でも、ヨリを戻すことが絶対にないと思うのなら、どんなに大切な品でもやはり処分したほうが賢明です。

思い出の品を目にするたび、心がチクチクと痛むのであれば、そういう気持ちにならないようにゴミの日に出してしまうことをおすすめします。

思い出の品を手放せば心痛も軽くなる

31

自分の意見と違う人に出会ったら

人の意見を変えようとして、頑張って説得したり議論をしたりすることはあるでしょうか。

正直なところ、人の意見を変えることはなかなか難しいものです。議論するだけ無駄と割り切ったほうが賢明です。

「ワクチン接種をすると子どもが自閉症になってしまう」という（インチキな）話を信じて、ワクチンの接種に反対している１７５９名の親を対象に、説得を試みた実験があります。しかし、どんな事実を突きつけられても、考えを変えようとはしませんでした。[12]

相手が信じていることを変えるのには、大変に骨が折れます。

どうせ相手は自分の考えを変えないのなら、議論をしてもしかたがありません。ただ自分が疲れるだけですので、最初から議論はしないと決めておくほうが賢明と言えるでしょう。時間と労力のムダ使いになる可能性が高いからです。

もし自分の意見と違う意見を持つ人に出会っても、「それは違う！」などと議論を吹っかけてはいけません。

「世の中には、本当にいろいろな人がいるんだなあ」と心の中で思うだけにとどめて受け流し、心の平穏を保つのがおすすめです。

議論なんかせずに受け流す

32

気の進まない誘いをうまく断るには

友人や上司からの誘いに、うまく断れない人は少なくありません。

多くの人が気の進まない誘いを断れないのは、単純に準備不足が原因です。

しっかりと断る準備をしておけば、だれでもうまく断れるようになるものです。

「本当はイヤなんだけど……」と誘いを断れない人は、これを機にぜひ練習しておくといいでしょう。

2つの中学校で比較実験をおこなった次のような例があります。[13]

一方の中学校では、友だちや先輩からタバコやマリファナの誘惑を受けたときの断り方の講習を6時間受けて、次のような断り文句を練習しました。

「タバコを吸うのは『クール』じゃない。ただの依存症だし、ダサイよ」

「マリファナを吸うのは『スマート』でも何でもなく、ただ馬鹿なだけ」

もう1つの中学校では、よくある健康に関する教育をおこなっただけです。

それから2年後にタバコを吸った経験を尋ねてみると、断るトレーニングを受けた生徒では5・6%、一般的な教育のほうでは16・2%でした。マリファナを試した経験については、断るリハーサルをした生徒は7・6%、一般的な教育のほうでは14・9%でした。

あらかじめ練習をしておくと、明らかにうまく断れるようになることがわかります。

これまでなかなか断れなかった人は、ぜひ事前に断り文句の練習をしておくといいでしょう。

事前の準備、練習をすれば断れる

33

長生きする男性の特徴とは

厚生労働省が発表している「簡易生命表」（令和4年）によりますと、2022年の日本人の平均寿命は、男性が81・05歳、女性が87・09歳と、女性のほうが6年も長生きすることがわかります。

スウェーデンにあるエレブルー大学のパメラ・マクスソンは、70歳の335名についての調査をしたところ、やはり女性のほうが男性よりも最低でも4年長生きするという結果を得ました。

この調査にはもうひとつ興味深い結果があります。それは、男性だからといって必ずしも寿命が短くなるわけではないということ。なかには長生きする男性もいるのですが、そういう人をよく調べてみると、

「非常に女性的な人」だったというのです。男性でも、性格が女性的な人は、女性と同じように長生きできることが明らかにされたのです。

女性的ということは、他人への思いやりがあって、共感能力が高く、周囲との和を重んじ、ワガママを言わず、頑固にならない、ということ。そういう生き方をしていれば、男性でも長生きする傾向があるということです。

男性だからといって、「男らしく」ある必要はありません。

ぜひ人に対しては、やさしく、親切に、愛情を持って接しましょう。

性別的には男性でも、心は女性的な人でありたいものです。

頑固にならず、思いやりと共感力を育む

34

気疲れがたまってしまったら

多くの人と会ったり、グループでイベントに参加したりするのは、基本的には楽しいことです。けれども楽しい反面、どうしても「気疲れ」してしまうこともあるものです。

ですので、ふだんは社交的な人でも、たまの休みには、「だれにも会わずに、引きこもる日」をつくるのもいいでしょう。自宅に引きこもって、スマホの電源を切り、だれとも会わずに、連絡もとらないようにするのです。もちろんだれにも会わない場所なら外に出かけてもかまいません。

たまにそういう日をつくると、たまったストレスをリセットできます。

「1日に3時間以上だれかと一緒にいる人は、そんなに長く一緒にいない人より、ストレスを感じ、幸福度が下がってしまう」という大規模調査の結果も報告されています。[14]

仕事をしていると、1日に3時間くらいなら、ほぼ確実にだれかと関わってしまうという人が多いでしょう。そういう人は、たまに一人きりの時間をつくってバランスをとったほうがいいのです。

ただし、いきなり家族や友人との連絡を絶ったりすると、「大丈夫かしら……」「ひょっとして……」といらぬ心配をかけてもいけませんから、「今週は引きこもります」ときちんと宣言しておくことも忘れずに。

計画的にだれにも会わずに引きこもる

35

恵まれない境遇を嘆きたくなったら

私たちは、ついつい他人のいいところ、恵まれた境遇、持っているものに目を向け、勝手に妬んだり、うらやんだり、胃をキリキリさせたりしていることが少なくありません。SNSでそういうものばかり見ていると、自分の置かれた状況に絶望感を抱いてしまう人もいるようです。

米国テキサス大学のデビッド・シュケイドは、中西部の住民は「カリフォルニアの住民はきっと幸福だろう」と思い込んでいることを突きとめました。カリフォルニアは気候が温暖で過ごしやすいと考えられているからです。

ところが中西部の住民とカリフォルニアの住民

1993名の幸福度を実際に比較してみると、差は見られませんでした。

カリフォルニアはたしかに気候は温暖でその点はいいものの、いつも交通渋滞がひどいとか、他の州より犯罪が多いとかの事実もちゃんと知っていて、中西部の住民のように「いいところだけ」と考えるわけではないからです。

このように、私たちは他人のいいところばかりに目を向け、自分の境遇を嘆くことが少なくありません。でも実際は、いいところも悪いところもあるものです。

ではどうしたらいいかというと、他人の「持っているもの」ではなく、自分が「持っているもの」に目を向けること。それが幸せを感じるコツです。

自分の「持っているもの」に目を向ける

Chapter 2 脚注

1 米国ヒューストン大学のアンジー・ルロイによる。213 名のボランティアを対象におこなった。

2 米国オハイオ州にあるデイトン大学のマーク・ライが、地元の教会などの協力を得て 199 名を対象におこなった。

3 イタリアにあるボローニャ大学のキアラ・ラファネリによる。

4 イスラエルにあるバー・イラン大学のシュミエル・シュールマンは、40 組のカップルについて、意見が食い違っても、「たいした問題でもない」と問題をできるだけ小さく見るカップルほど、2 年後の再調査でも交際を継続していることを突きとめた。

5 オランダにあるエラスムス・ロッテルダム大学のダーク・ファン・ディーレンドンクは、路面電車の運転手 96 名を調査し、乗客ともめたときにさっさと譲歩する方法をとる運転手ほど、燃えつき症候群になりにくいことを突きとめた。燃えつき症候群になってしまうのは、自分の主張を曲げない人たちが多かった。

6 アルゴーは 8 回も追試実験をくり返して確認しており、この結果はかなり信用していい。

7 オーストラリアにあるニューサウスウェールズ大学のジョセフ・フォーガスは、ネガティブな人ほど疑り深いことを実験的に確認している。窃盗をしているように見えなくもないビデオを用意し、それを見てもらった後で評価してもらうと、ポジティブな人は「盗んでいない」と答えるが、ネガティブな人は「絶対に盗んだ」と答えた。

8 イタリアにあるボローニャ大学のチァラ・ルイーニによるもの。

9 米国マンチェスター大学のアレックス・ウッドは、地元のコミュニティーで募集した 401 名を調査し、「人にたくさん感謝する」という人ほど、質の高い睡眠がとれて、しかも寝付くまでの時間も短くなるという結果を得た。人に感謝をする人ほど、心の中に悩みや屈託を抱えることも少なくなり、気持ちよく快眠できるのだと考えられる。

10 米国ミシガン大学のテリー・コンレイは 6685 組のカップルに、16 の特徴（セクシーさ、思いやりなど）に対して、自己評価とパートナーの評価をしてもらい、相手との付き合いにどれくらい満足しているのかを聞いた。その結果、自分自身を評価したときより、相手のことを高く評価してあげるようなカップルほど、互いに満足度が高くなることがわかった。「私なんて、全然セクシーじゃない」と低い自己評価をしていても、パートナーからは「いや、あなたはとてもセクシーだ」と高く評価してもらえるカップルほど、とても満足度が高かった。

11 米国ミシガン大学のイーザン・クロスは、半年以上続いた恋愛の相手に振られて失恋した 40 人を集めて調査した。

12 米国ニューハンプシャー州にあるダートマス大学のブレンダン・ナイハンの調査。麻疹、おたふく風邪、風疹のワクチン（MMR ワクチン）について、「ワクチンが自閉症を引き起こす」という説には何の科学的根拠もないことを説明しても、ワクチンを打たずに病気になった子どものかわいそうな写真を見せても、ワクチン接種に反対する親の意見は変わらなかったと実験報告をしている。

13 米国ハーバード大学のアルフレッド・マクアリスターによる研究。

14 米国ヴァージニア大学のコスタディン・クシュレフは、166 か国、のべ 25 万人以上の大規模調査をおこなった。

Chapter 3

仕事との距離感を整える

36

仕事にやる気が出ないと思ったら

今はかつてのように「愛社精神」を押しつける会社は少なくなりましたが、それでも会社のために、自分を犠牲にして働いている人は多いのではないでしょうか。

ホンダの創業者、本田宗一郎さんは「仕事は自分のためにやるものだ」という持論を持っていたそうですが、本当にそうだと思います。「自分のため」だと思うからこそ、本気で仕事に取り組めるものだからです。

実際に、「会社のために頑張る」人より、「自分のために頑張る」と答えた人のほうが、仕事の成績がよくなることがわかっています。[1]

日本人は、自己犠牲の奉仕精神を持つ人が多い傾向があります。
「会社のために身を粉《こ》にして働く」のは、たしかに日本人らしい美学ともいえますが、さすがに過労死するほど会社に忠誠を尽くす必要はないはずです。私は、どちらかというと「そこまで頑張らなくていいのでは？」という意見です。

仕事は自分のためにやるものです。他ならぬ自分のために仕事をするのだと思えばこそ、熱意を持って、本気で取り組めるのです。

もし仕事にやる気を感じられないのだとしたら、それは自分を犠牲にして頑張っているからではないでしょうか。「自分のため」という考え方に改めたほうが、仕事も楽しく感じられるようになると思いますよ。

「自分のため」に仕事する

心を落ち着けたいと思ったら

グーグルやインテル、P&Gなどの多くの大企業では、社員研修に瞑想《めいそう》のトレーニングを組み込んでいるそうです。では、どんないい効果があるのでしょうか。

瞑想を受けた条件の脳の活動を調べてみると、瞑想を受けた後の脳はポジティブな感情をつかさどる領域が活性化することがわかったほか、インフルエンザワクチンを打ってもらうと、瞑想グループのほうが、そうでないグループよりもはるかにたくさん抗体ができることもわかりました。[2]

瞑想は心を晴れやかにするのにとても効果的なテクニックです。特に何も準備するものはありませんし、やり方も難しくありませんので、ぜひ取り入れてみるといいでしょう。

椅子に座ってリラックスした態勢をとり、目を閉じて自分の呼吸に意識を集中します。鼻から入ってくる息、出ていく息に注意を向けたり、空気を吸って肺が膨らんでいく感じなどに意識を向けたりするのです。

時間は5分です。5分が経過したら、ゆっくり目を開け、身体を動かして日常生活に戻ります。

1日にわずか5分なら、忙しい人でもできますよね。ストレスを感じて心臓がキリキリ痛むことがあるような人は、瞑想の習慣を身につけるようにしましょう。

1日5分の瞑想する習慣を身につける

38

我慢しながら仕事をしているなら

「仕事」や「勉強」という言葉には、どうしても重苦しいニュアンスがあります。

「やらなければいけないこと」「食べていくためには我慢しなければいけないこと」といったイメージがあるのではないでしょうか。

「今日も仕事かあ……」とつぶやく人は、「今日も〝我慢〟しなきゃいけないのかあ」と言っているのに等しいのです。

そこで、仕事を「パズル」と考えてみたらどうでしょう。まったく同じことをするにしても、だいぶ気分が変わってくるのではないでしょうか。パズルを解くのは楽しいですからね。

米国ユタ大学のキャロル・サンソンは、男女45名ずつの90名の大学生に、文章を読む作業を求めました。ただし、半数には「退屈な作業」と伝え、残りの半数には「パズル」と伝えました。それから作業が終わったところで、「どれくらい面白かったですか？」と聞いてみると、「パズル」と紹介されたグループのほうが楽しさを高く評価したのです。

まったく同じ作業でも、「これはパズルなんだ」と思えば、面白く取り組めるのですね。

仕事がイヤな人は、仕事でなく、パズルやゲーム、スポーツと考えてみるのがおすすめです。

いつもやっている仕事が、きっと楽しく感じられるようになりますから。

仕事ではなく「パズル」と考える

39

人への親切が損に思えてしまうなら

人に親切なことをするのは、自分にとってムダなことだと考える人がいます。自分の労力と時間を費やすのですから、たしかに自分ばかりが損をしているように思えなくもありません。

けれども、そういう考えは人としてちょっと「器が小さい」と思いませんか。

人助けをし、相手がうれしそうな顔を見せてくれれば、こちらも心が温かくなり、とても幸せな気分になれます。

ほんのちょっとの親切で幸福感が得られるのですから、こんなに「おトク」なことはありません。

1日に5回親切なことをしてもらう実験がありま

す。[3] 最初に「親切リスト」というものを配って、そのリストの中から好きなものを選んで1日に5回、親切にするのです。リストには「他の人の分まで飲み物を持って行ってあげる」「メールの末尾に『ありがとう』と書く」などがありました。

この取り組みを1か月やってもらったところ、1か月後には本人の幸福感がはっきり上昇することがわかりました。しかも知り合いが増える、というおまけの効果もありました。

つまり、他人に親切にすることは、決して損にはならないのです。自分も気持ちよくなれますし、友だちは増えますし、いいことづくめです。

困っている人を見かけたら、「どうしよう？　手伝ったほうがいいのかな？」と考える必要はありません。迷わず快くお手伝いしてあげてください。

人には積極的に親切して幸福感を高める

40

幸せな気分を持続させるには

人に親切にすると、幸せな気分を味わうことができますよ、というお話をしました。

では、その幸せな気分はどれくらい継続するのでしょうか。数時間とか1日とか、そのレベルではありません。じつはなんと半年も持続することがわかっているのです。

カナダにあるヨーク大学のミリアム・モングレインは、フェイスブックで募集した719名（平均33・63歳）を、「1週間、5分から15分ほど他人に親切なことをする」条件と、「1週間、毎晩5分から15分ほど自分の子どものころの思い出を書く」条件に割り当てて生活してもらいました。

それから3か月後と6か月後に再調査をしたところ、人助けをしたほうの条件では、幸福感も、自尊心も高くなることがわかりました。実験が終わって6か月経っても、長く幸せな気持ちが持続していたのです。[4]

たまたま人にしたほんの少しの親切が、「うわぁ、ありがとう！」と信じられないほどに感謝してもらえると、相手の喜んだ顔がその後もずっと思い出されることがあります。喜んだ相手の姿を思い出すたび、私たちは幸せな気分になります。

人助けをすると、幸福感の「余韻」のようなものをいつまでも味わうことができるのです。

日ごろからほんの少しの親切を心がける

41

人から幸せをおすそ分けしてもらったら

私たちの幸福感というものは、友だちの影響を受けるものです。このことについては、きっと、なんとなく思い当たるのではないでしょうか。

お友だちが幸せだと、そのお友だちと付き合っている私たちも同じように幸せになれる。そういうことはめずらしくありません。ですから、幸せは友人を介してどんどん広がっていくものと言えるでしょう。

カリフォルニア大学サンディエゴ校のジェームズ・フォウラーは、4千名を超える人を20年間にわたって調べ、人の幸せというのは、なんと3段階も離れた人にまで広がることを突きとめています。[5]

したがって、もしあなたが幸せを感じる人になら、お付き合いする友人だけでなく、その友人の友人の友人まで幸せにできるということです。そんなにたくさんの人を幸せにできるのですから、すごいことですよね。

幸せな友人とお付き合いすることで、その友人から幸せのおすそ分けしてもらうのもよい方法です。

今度は自分が幸せの起点になる

とはいえ、ここではさらにもう一歩先の提案をしたいと思います。それは、あなた自身が幸せな人になることで、友人をどんどん幸せにする「起点の人」になる、ということです。自分を起点に3段階も離れた人を幸せにできるのですから、こんなに素敵なことはありません。

42

悪い評価を受けてしまうのは

自分ではいつも通りに接客しているつもりなのに、なぜかお客さまから理不尽なクレームをつけられたり、自分はまったく悪くないのに先輩や上司から八つ当たりされたりすることがあります。

そんなときは「今日は厄日なのか」と腹立たしく思うかもしれませんが、そういう理不尽なことはわりとよく起きるもの。あらかじめそういう日があることを覚悟しておきましょう。

こういうことは、じつは天気が関係していることがよくあります。

気をつけたいのが雨の日です。

雨の日には、だれでも知らないうちに不快感が高まり、何かにつけてケチをつけたくなってしまうという心理状態になることがわかっているのです。[6]

翌日の天気予報を見て、「明日はあいにくの天気になりそうです」とキャスターが話していたら、「明日は理不尽なことをされるかもしれないぞ」という心構えをちょっぴりしておくといいでしょう。

あらかじめ予期していれば、いざというときにそんなに腹も立たないからです。

悪天候は人を不快にさせると覚えておく

43

断ることを
ためらっているなら

日本人は、遠回しな言い方を好みます。[7]

たとえば行きたくない飲み会に誘われても、なかなかきっぱりと断りにくいですし、仕事の依頼ならかりに理不尽な要求でも、なおさら断ることは難しいでしょう。

しかしここは勇気を持って、はっきりと断るほうがお互いのためです。

はっきりと断らないと、どうなるでしょう。

場合によっては相手を勘違いさせてしまうことにもつながりかねません。

たとえば、「今日はちょっと……」という断り方だと、「別の日ならＯＫ」と受け取られてしまう可能性があります。そうやって相手を期待させておいてから、「やっぱりムリ」と断るのは、それこそ相手に失礼なことです。

イヤなものはイヤだとはっきり告げたほうが、相手におかしな期待をさせずにすみます。そのほうが相手のことを考えた対応と言えるのです。

あまり好きではない友人と、悶々としながらダラダラと付き合うよりは、いっそのこと、「ごめんね、あなたとの友だちはもうやめるわ」とはっきり伝えたほうがお互いにスッキリすると思います。勇気を出して、気持ちに正直になってみてください。

率直に断っておかしな期待を与えない

44

家事も重労働も面倒くさいと思ったら

部屋やお風呂の掃除は、ごく普通の家事だと思っていたら大間違いです

こういうごく普通の家事でさえ、「健康にいい」と思いながらやったほうが、いろいろな恩恵を受けることができるのです。

米国ハーバード大学のアリア・クラムは、84名のホテルで働く女性スタッフのうち、44名には次のようなインチキを教えました。

「みなさんのやっているホテルの清掃業務は、とてもいい運動になっています。医者のすすめるアクティブ・ライフスタイルとしても満足のいくものです」

一方、残りの40名にはこの話を聞かせませんでした。

それから4週間後、女性スタッフ全員の健康診断をしてみると、「清掃業務は健康にいい」と聞かされたグループでは、体重が減り、ウエストも細くなったのです。[8]

このように、まったく同じ仕事をするにしても、これだけの違いが出てきます。

ですから、「これってけっこう重労働だから健康にもよさそう」と思ったほうが、体のためにもいいのです。

普通の家事でも、もちろん重労働でも、上手に自己暗示をしてみてください。ぜひ健康的な体を手に入れてくださいね。

仕事も家事も健康にいいと自己暗示する

45

免疫力を高めたいなら

長年連れ添った夫婦は、あまりお互いに触れ合うことがありません。何だか恥ずかしくなってしまうからです。新婚のうちはともかく、何十年も連れ添った相手と触れ合おうとすると、お互いに照れくさくなるものです。

けれども、自分の奥さんや夫とハグ（抱き合い）をするのは、心理的な健康を高めるのに信じられないほどの効果をもたらしてくれることがわかっています。出勤前にちょっとだけハグをするだけでも、その効果はしっかりとあらわれるのでおすすめです。

米国カーネギーメロン大学の実験では、面白いことがわかりました。[9] 配偶者や恋人とたくさんハグをしている人ほど、風邪の症状が出にくいという明確な結果が得られたのです。

しょっちゅうハグをしている人は身体の免疫系が活性化しているので、たとえ風邪のウィルスが体内に入ってきても、そういうものをやっつけてしまうのですね。

ハグもそうですが、お互いに触れ合うことの多い夫婦ほど、病気にはなりにくくなります。心理的にも結婚生活に満足感が得られますし、満足している人ほど身体の免疫も活性化するようです。

もっとも、唐突にハグをすると驚かれてしまいますから、事前の対話はお忘れなく。

ぜひ日常の中にスキンシップを取り入れてみてください。

日ごろからスキンシップをとる

46

グループの中心で疲れてしまったら

友だちを増やすことはいいことですが、積極的にグループの中心になれなくとも気にすることはありません。端っこのほうに加わっているだけで十分楽しめるからです。

静かにだれか一人とおしゃべりしていれば、それで十分です。

グループの中心になり、みんなにチヤホヤしてもらえることはたしかに気持ちがいいかもしれませんが、同時にものすごく疲れてしまうもの。

大勢の人に囲まれて、ワイワイやることはたしかに楽しいのですが、同時に、ストレスでクタクタになってしまうことも覚悟しなければならないのです。[10]

だいたいグループの中心になるような人は、人当たりがとてもいいので、周囲の人たちを盛り上げようとして、一生懸命に頑張ってしまいます。

ですから、ついつい頑張りすぎるほどに頑張ってしまい、疲労困ぱいしてしまうのですね。

自宅でパーティーを開き、みんなに喜んでもらうためにおいしい料理を用意したり、みんなで参加できるゲームを準備したりするのが好きな人は、疲れすぎに注意してください。

そんなに頑張りすぎないことがポイントです。

頑張りすぎないよう隅で静かにおしゃべりする

47

いつもイライラが絶えないなら

どんな業界でも職場でも、ストレスがまったくない仕事などないでしょう。

どういうことをしていても、ある程度のストレスが生じることはやむを得ないものです。

だとすれば、「ストレスがあるのなんて当たり前」と最初から覚悟しておくことが得策です。

そうすることで、けっこうなんとか耐えられるようになるからです。

「これからストレスを与えますよ」と事前に告げておくと、なぜかストレスをそんなに感じずにすむことがわかっています。

これを「ストレス予期」と呼びます。

「ストレスがあるのだな」という心構えを持っていると、ストレスへの耐性もアップするのです。[11]

きっとあなたにも、職場や家庭で、さまざまなストレスを感じる事柄があるはずです。でも、たとえイヤなこと、苦しいことを体験しなければならないときでも、あらかじめ「相当にキツイよ」と教えてもらっていると、つまりストレスを予期できるのなら、そんなに苦しみも感じません。

事前にできることは、あらかじめそのことを予期し、覚悟することです。そうすれば、かりにイヤな思いをしても、「何だ、こんなものか」と思えるようになり、ストレスの軽減がはかれるのでおすすめです。

ストレスが生じることを覚悟しておく

48

早く確実に仕事を片づけたいなら

仕事をスムーズにこなすポイントはどこにあるのでしょうか。

ここでは、チェックリストを作ることをおすすめします。

チェックリストや、ToDoリストを作るなんて面倒くさいと考える人がいます。そんなものを作っているくらいなら、さっさと仕事を始めてしまったほうが時間のムダにならない、というのでしょう。

ですが、その発想は大間違い。

やるべきことのリストを作っておかないと、何から始めたらいいのかがわからなくなりますし、やるべきことをやり忘れてしまうこともあります。

仕事をスムーズに片づけたいのなら、チェックリストどおりに行動するのがいいのです。

たとえば「ゴミ箱があふれたら、そのときにゴミ箱を空にすればいい」などと考えず、「1時間に1回はゴミ箱を確認」というリストを作ります。そして確認のたびにレ点をつけるようにすることで、掃除をし忘れるということを防ぎます。[12]

チェックリストを作ることじたいが面倒と思ってしまっては、状況は変わりません。面倒だという考えを捨てて、自分の作業をリスト化していきましょう。

そのほうが仕事ははるかにラクになりますし、勤務評定もきっとよくなっていくはずです。

チェックリストを作ってそのとおりに行動する

49

笑顔を振りまくのがイヤになったら

米国ペンシルバニア州立大学のアリシア・グランディは、笑顔のサービスをしなければならない秘書やウェイトレスなどの仕事をしているアメリカ人116名と、フランス人99名についての比較研究をしました。

その結果、アメリカ人は、フランス人よりもストレスがはるかに高いことが明らかにされました。

なぜ同じ仕事をしているのにアメリカ人のほうがストレスが高いのでしょうか。

その理由は、フランスでは笑顔でサービスするかどうかは個人の裁量にまかされている一方、アメリカでは「笑顔で仕事をしなければダメ」と言われているから、ということです。

接客をするのなら笑顔は大切なのかもしれませんが、それが義務になっているとか、強制されるとなると、これは精神的に苦しいです。

もともと人当たりがいい性格で、笑顔を見せるのがまったく苦にならないのであれば、どんどん愛想を振りまいてください。けれども、そうでないのなら、そんなに愛想を振りまこうとしなくてもいいのではないでしょうか。

自分のできる範囲で、笑顔を見せていればそれでいいのであって、だれかれかまわずにニコニコしなくてもいいと割り切って考えましょう。

そのほうが仕事もイヤにならずにすむでしょう。

無理な笑顔は必要ない

50

ずっと先送りしたままのことがあるなら

やるべきことをやらないまま、先送りしていることはないでしょうか。つい面倒に感じてなかなか手をつけられずにいることがあるかもしれません。

こういうことはさっさと終わらせてしまうのがポイントです。

やるべきことをやらないと、「ああ、あれやらなきゃな」という気持ちがずっと続いてしまいます。

そのストレスから脱するには、さっさと片づける以外にありません。特に「やりたくないけど、やらないといけない」ということほど、今すぐにやっつけることが大切です。

とある大学生に対する調査[13]で、およそ4人中3人もの学生が、「私はダラダラ人間」だと自覚していて、そのうちの半数以上が、それを問題だと認めていることが明らかになりました。また94％の学生は、ダラダラすることによって「自分の幸福感が下がっている」と感じることも突きとめています。そう、ダラダラしていると、幸せになれないのです。

たとえば1か月後が締切の提出物でも、今すぐに取り組んで数日で終わらせてしまいます。そうすれば、残りの日々はずっと幸せでいられます。締切の直前にやろうとすると、1か月間、ずっとモヤモヤした気持ちで生活しなければなりませんから。

やるべきことから逃げまくっていても、結局はやらなければなりません。そういうものは、さっさと片づけるのが一番です。

ダラダラせずに早めに片づける

51

言えずにモヤモヤしていることがあるなら

契約間際だった仕事がお客さまの都合で一方的にキャンセルされてしまったとか、イベントの売上が目標に達しなかったとか、自分のうっかりミスで期限をすぎてしまったとか、「あまり報告したくないニュース」というものがあるものです。

でも、こうしたことをずるずると報告せずにいると、どうでしょうか。モヤモヤしたストレスがたまってしまいますよね。[14]

「どうしよう、どうしよう」と悩んでいる状態からいち早く脱するには、さっさと伝えるしか手はありません。できるだけ早急に上司に報告すべきでしょう。

どうせそのうちに上司にもバレることですし、最後は怒られるのだとしたら、早いうちに怒られてしまったほうが、よほど心はスッキリします。

プライベートに関連したことも同じです。

たとえば、離婚したことを職場の人たちに隠しているうちに、おかしな噂を立てられるのはイヤですよね。それならいっそ、「このたび、離婚することになってしまいました」と自分から公言してしまうのが得策です。

特に悪いニュースほど、隠そうとするよりは自分から明らかにしてしまい、さっさとモヤモヤから自分を解放してしまいましょう。

悪いニュースはすぐに自分から伝える

52

地位やポジションが上がることに戸惑ったら

最近は出世したがらない人も多いようですが、ストレスに関していえば、どんどん仕事に精を出して出世していったほうがいいでしょう。

特に男性は、地位やポジションが上がると、それにつれて幸福感も上がることがわかっているからです。

米国ニューヨーク州にあるヴァッサー大学のアニー・コンスタンチノープルは、大学1年生が、2年生、3年生、4年生と進級するたびの心の変化を調べてみたのですが、男性は学年が上がるたびに幸福度も上がることがわかりました。一方で、女性にはそういう変化が見られませんでした。男性は学年がひとつ上がると、後輩ができ、先輩面ができるので気分がよくなる傾向があるようです。

とりわけ男性は、女性に比べて「階級」に敏感です。階級の下にいるよりは、上にいたほうが気持ちいいのです。

会社での階級もそうで、平社員はだれにでもペコペコしなければならないので気をつかいます。でも、地位が上がれば、そういう気をつかう必要もなくなります。

たしかに出世すると、責任も増えますし、いいことばかりではありません。

それでも総合的に考えたら、出世したほうが心労も減るのではないかと思いますが、あなたはどう思いますか。

男性の出世はストレスを減らす

Chapter 3 脚注

1 米国メンフィス大学のエドワード・バーショウは、16の会社のセールスマン1300名にアンケートを配布し、返却された560の回答を分析した。

2 米国ウィスコンシン大学のリチャード・デビッドソンは、バイオテクノロジー関連企業の社員48名のうち、25名には瞑想のトレーニングを受けてもらい、16名は比較のための瞑想のトレーニングを受けていないグループに割り当てて、特に何もしてもらわなかった。

3 米国カリフォルニア大学リバーサイド校のジョセフ・チャンセラーは、コカ・コーラ社に勤めているさまざまな部署の社員88名にお願いした。

4 モングレインは半年後の調査で切り上げたが、人助けから得られる幸福感はさらに長く持続していた可能性もある。

5 幸せな人と直接に付き合う友人（これが1段階）は、幸せになれる確率が15.3%高まり、その友人の友人（これが2段階）は、幸せになる確率は9.8%高まり、さらにその次の友人の友人の友人（これが3段階）も、幸せになる確率が5.6%高まる。

6 スイスにあるルツェルン大学のライフ・ブランデスは、オンラインのホテル予約サービス会社の12年分のレビューを分析してみた。すると、雨の日に書かれたレビューほどホテルの評点が低くなる傾向があることがわかった。ホテル側は天気によってサービスを変えることはないが、通常はお客から星が5つもらえることが多いホテルでも、厳しい評価を受ける傾向が見られた。

7 米国ジョージ・ワシントン大学のジャミー・ゴールデンバーグは、アメリカ人大学生とアメリカに住む日本人大学生に、望まないセックスを求められたときにどう断るのかを比較する研究をおこなった。その結果、アメリカ人はきっぱりと「ノー」と告げるのに対して、日本人ははっきりと断らない傾向にあることがわかった。

8 また、血圧についても実験前に129.55（79.55）だったものが、実験後には111.9（74.88）に下がった。何も話を聞かせないグループでは、実験前が128.87（77.80）で実験後には127.27(75.03)と、ほとんど変化がなかった。

9 米国カーネギーメロン大学のシェルドン・コーエンは、健康な成人406名に風邪のウィルスを鼻から入れて、2週間の経過を調べる実験をおこなった。

10 米国フロリダ大学のジェニファー・ハウエルは、65の大学からサマースクール・プログラムに参加した学生がどのようにネットワークを形成していくのかを調べ、特にその中心になる学生について詳しく調べた。その結果、その学生は幸せで自尊心も高まる一方で、強いストレスを感じることもわかった。

11 米国デューク大学のアンドリュー・カートンは、70名の実験参加者に12分間の校正作業をしてもらった際に、半分のグループには作業中に監督者に邪魔されることを告げておき、他方には何も告げなかった。その結果、あらかじめ告げたグループではそれほどストレスを感じなくなることがわかった。

12 米国アパラチア州立大学のジェシカ・ドールは、スキーショップで働く7名のスタッフに、チェックリストを作って仕事をしてもらった。「お客が来るたびカウンターを拭く」「ゴミ箱は1時間おきに空にする」といったリストをもとに仕事をすると、使用前に比べて清掃活動が52%も高まった。

13 カナダにあるカルガリー大学のピアス・スティールによる調査。

14 米国ペンシルバニア州にあるバックネル大学のJ・プタセクは、62名の獣医を対象に、悪いニュースをペットのオーナーに伝えなければならないときのことを思い出してもらった。すると、10人中7人の獣医はストレスを感じた。

Chapter 4

満たされた自分をつくる

53

自分をどうとらえたらいいか

米国ケント州立大学のジョン・アプデグラフは、86名の大学生に、どのような自己イメージを持っているのかを尋ねました。「私は……」という言葉に続く文章を思いつく限り書き出してもらったのです。

その結果、自分自身について、具体的に描写するタイプと、抽象的に描写するタイプに区別できることがわかりました。

具体的な自己イメージを持つ人は、「私は、マイカーを所有している」「私は大学生だ」「私には恋人がいる」という回答を多くしました。

抽象的な自己イメージを持つ人は、「私は努力家」「私は、自分の人生は自分で切り開きたいと思っている」という抽象的な回答を多くしました。

アプデグラフは、それからどれくらい自分の人生をハッピーだと思っているのかを聞いてみたのですが、抽象的な自己イメージを持っている人ほど、ハッピーな人生を送っていることが明らかになりました。

自己イメージについては、抽象的というか、曖昧で、漠然としたものであるほうがいいようです。そういう人のほうが、ハッピーな気分になりやすいと考えられるからです。

あなたも、「自分」というものを狭く、限定的にとらえてはいけません。

自分のことをもっと広くとらえて、無限の潜在可能性を持った存在だと考えるようにしましょう。いろいろな自分がいることに気づくと、柔軟な思考で物事に対処できるようにもなります。

自分には無限の可能性があると考える

54

自分の顔はいくつ持ったらいいか

二重人格というわけではありませんが、ふだんの自分とまるで違う自分の顔をいくつも持っていることはいいことです。

心理学では、いろいろな自分を持つことを「多面的自己」と呼んでいます。

仕事モードのときには真面目。プライベートのときには明るいムードメーカー。家庭では頼もしいお父さん。いろいろな自分を持ち、状況に応じてコロコロと自分を変えるのがポイントです。

米国イエール大学のパトリシア・リンヴィルによると、多面的自己の数が多い人ほど、風邪を引きにくく、他の病気にもなりにくく、抑うつになりにくく、ストレスも感じにくくなるそうです。

たくさんの自分を持っていると、いろいろな恩恵が受けられるのですね。

自分というものをひとつしか持っていないと、そのひとつが傷ついたときに、どうにもなりません。

たとえば、仕事の自分にすべてのアイデンティティをかけている人は、仕事でつまずいたり、ミスをしたりすると、「もう自分はダメだ」ということになってしまいます。その点、多面的自己を持っている人は、「仕事はうまくいかないけど、趣味の工芸サークルでは人気者だから、まあいいか」と軽く受けとめることができるのです。

あなたも自分の顔をどんどん増やしてください。状況に応じて違う自分を演じてみるのも、けっこう面白いことですから。

なるべく多くの顔を持つ

55

苦しいときに考えたいことは

あなたにとって、「最高の自分」はどんな人でしょうか。

頭がよくて、気が利いて、会話もうまくて、仕事もバリバリこなせる、といったイメージになるでしょうか。

オランダにあるマーストリヒト大学のマージョレイン・ハンセンは、79名の大学生を半分に分け、片方のグループには「最高の自分」をイメージして、15分間それを紙に書いてもらいました。残りの半分はコントロール条件として、「典型的な自分の1日」について15分間、紙に書いてもらいました。

それから冷たい水に手を入れてもらい、どれくらい「痛み」を感じるかを答えてもらいました。すると、「最高の自分」をイメージした学生のほうが明らかに「痛み」を感じると回答した人が少なかったのです。[1]

最高の自分をイメージしていると、うれしい気分になって、だれでもニヤニヤしてしまうと思いますが、そういう状態になると苦しさもあまり感じなくなります。

ということは反対に、苦しい状況に置かれたときほど、楽しいことを考えればいいということです。そうすれば苦しくても音を上げたりせず、最後まで乗り切ることができる可能性が高まるかもしれません。

「最高の自分」をイメージする

56

なるべくポジティブになりたいなら

ハッピーな人生を送りたいのなら、とにかく動くことが大切です。椅子に座って、あるいはソファに寝転んでいたら、ハッピーにはなれません。

米国スタンフォード大学のカンディス・ホーガンは、ビラを配って集めた624名の成人（平均40・9歳）に、「先週、どれくらい身体を動かしましたか？」（ウォーキング、サイクリング、テニスなど）という質問と、「先週、どれくらいポジティブな気持ちになりましたか？」（楽しみ、満足、興味、喜び、誇りなど）という質問をしてみました。

その結果、身体を動かすことが多ければ多いほど、ポジティブな気持ちを感じることが多くなることがわかりました。人間は、身体を動かしていさえすれば、前向きで、ハッピーな気持ちになれる生きものなのです。

ホーガンは、「先週、どれくらい椅子に座って仕事をしましたか?」という質問と、「先週どれくらいネガティブな気持ちになりましたか?」（怒り、悲しみ、敵意など）という質問もしているのですが、こちらにも関連が見られました。椅子に座って仕事をする時間が長くなるほど、ネガティブになりやすかったのです。

少しでも時間があるのなら、とりあえず身体を動かすことです。

じっとしているだけでは、どんどんネガティブな気持ちになってしまいますからね。

常に身体を動かす人になる

57

動画を見たりゲームをしてばかりなら

気晴らしになるレジャーには、大きく分けて2種類あります。積極的なレジャーと、受け身のレジャーです。たいていの人にとっては、レジャーはレジャーであって、わざわざ区別することもないのでしょうが、その心理効果には違いがあることもわかっています。

結論から言うと、積極的なレジャーは「いいレジャー」で、受け身のレジャーは「悪いレジャー」になります。

カナダにあるブリティッシュ・コロンビア大学のマーク・ホルダーは、8歳から12歳の子ども375名についての調査をおこない、ドッジボールをしたり、スキーをしたり、かけっこをしたりと活発に身体を動かす積極的なレジャーをする子どもほど、ハッピーな気分になることを明らかにしています。[2]

逆に、「動画を見る」とか「ゲームをする」というレジャーは受け身のレジャーです。こういうレジャーをよくする子どもは、自分自身も、そして親からの評価でも、あまりハッピーな気分にならないことが合わせて確認されました。

このように、どうせ気晴らしをするのなら、積極的なレジャーがおすすめです。そのほうがリラックス効果も高くなりますし、とても幸せな気分になれるでしょう。

積極的なレジャーを取り入れる

58

悲しい感情を軽減するには

友だちに無視されてしまうとか、クライアントに持ち込んだ企画が拒絶されてしまうとか、悲しい気持ちになっても、悲しい顔をしてはいけません。できるだけ涼しい顔をしていてください。

なぜかというと、悲しい顔をしているとさらに悲しくなってしまうからです。

私たちの心は、自分がどんな表情をしているかに影響を受けます。そのため、悲しい顔をしていると、どんどん悲しみが募ってしまうのです。

悲しい顔といえば、「ハの字眉毛」。両眉を中央に引き寄せて、眉の内側を上げるような表情のことです。鏡で自分の顔を見て、もし「ハの字眉毛」になっていたら、眉毛のあたりを軽くマッサージして、涼しい顔になるようにしましょう。

米国ミシガン大学のランディ・ラルセンは、「ハの字眉毛」をつくらせて、あるいはつくらせない状態で、タイム誌から集めてきた悲しい写真（飢えた子どもの写真や、傷ついた人の写真）を見て、どれくらい悲しくなるのかを評価してもらいました。

その結果、悲しい顔をつくっているときのほうが、悲しみを強く感じることがわかったのです。

悲しい顔をしていたら、もっと悲しくなってしまいます。ですので、どんなに悲しいことがあっても、涼しいポーカーフェイスでいるように意識してみてください。

感情は顔でコントロールする

59

「ボケてきたかな」と思ったら

高齢者になると、どうしても物忘れが多くなってきます。物忘れは、自然な加齢に伴うものであり、認知症によるものとは違います。ですから、通常は何の心配もいりません。

問題なのは、自分自身で「ボケてきたな」と思ってしまうこと。

そんなふうに思っていると、自己暗示の効果が働いてしまい、本当にどんどんボケていきますので注意してください。

高齢者に、コンピュータの画面に出てくる単語を声に出して読み上げる、という作業をしてもらった実験があります。[3] なお参加者には黙っていましたが、この作業中に人間には知覚できないほどのスピードでサブリミナルメッセージが画面にあらわれました。ひとつは「耄碌《もうろく》」（ボケることの意）、もうひとつは「賢さ」という単語です。作業後に記憶のテストを受けてもらうと、直前に「耄碌」という単語をサブリミナルで見せられたグループでは記憶のテストで悪い点数になり、「賢さ」という単語を見せられたグループは同じ記憶のテストで高得点でした。

年をとることに対して、物忘れや耄碌といったネガティブなイメージを持っていると、本当に耄碌してしまいますので注意が必要です。むしろ、「年をとることは知恵があるということだ」というように、ポジティブに思うことが大切でしょう。

年をとることをポジティブに考える

60

落ち込んだときのとっておきの品は

　砂糖を丸めただけのインチキなお薬であっても、本人が「私にはこれが効くんだよ」と思っていれば、本当にそのような効果が出てきます。

　これを「プラシーボ効果」（偽薬効果）といいます。

　ですから、「私は、このエナジードリンクを飲むと、テンションが上がる！」というものをぜひ見つけてください。そういうものがあれば、いざというときも安心です。プラシーボ効果のすごいところは、ウソだとわかっていても効果が出るからです。

　痛みを軽減するという触れ込みのプラシーボクリームを左腕に塗ってもらい、そこに熱刺激を与えて我慢してもらうという実験があります。[4]

熱刺激を与えたときの痛みを尋ねると、まったく効用などないのにプラシボクリームを塗った参加者は、「痛くない」と答えました。面白いのはこの後。実験者は、「じつは、このクリームには何の効用もないんですよ。インチキなクリームですから」と真実を打ち明けました。それからもう一度、熱刺激を与えたのです。

するとどうでしょう、ウソだとわかっていてもなお、参加者たちは「痛くない」と答えたのです。インチキなものでも、本人が効くと思えば、本当に効くのですね。

あなたもお守り代わりに、「気分が高揚する」と思える飲み物や食べ物をぜひ見つけてみてください。

「私にはこれが効く！」を思えるものを見つける

61

他人がうらやましく思ってしまうなら

私たちはつい他人と自分を比べて、自分に「ない」ものを持っている人をうらやましく思ってしまうものです。

でも他人をうらやんでばかりでは、悶々とした気持ちになってしまいます。

むしろ、自分にあって、他人にないものに目を向けるべきでしょう。そのほうが不幸を感じずにすむためです。

セルフ・コントロール能力のない人は、セルフ・コントロール能力のある人を高く評価しがち、という実験報告があります。[5] 欲求を感じたときに我慢できない人、つまりセルフ・コントロール能力の低い人は、自分にないものを持っている人をうらやましいと思うのです。

あなたも、自分に「ない」ものよりも、「ある」ものに目を向けましょう。

「私には魅力がない」という自己評価をやめて、「私には素敵な友だちがいっぱいいる」というように、「ある」ものを見てください。「私は頭が悪い」ではなく、「私は手先が器用」という長所に目を向けましょう。

自分に「ある」ものに目を向ければ、自分がいかに恵まれているか、自分はなんと幸せ者か、という気持ちになります。そういう気持ちでいたほうが、人生は楽しくなるものです。

自分に「ある」ものに目を向ける

62

目の前の現実に不幸を感じていたら

オランダにあるユトレヒト大学のM・ヴァン・ミエルロは、6つの病院の脳卒中患者287名を2年間調べてみました。

脳卒中になると、手足がしびれたり、言葉の障害が生じたり、目が見えにくくなったり、歩行障害が起きたりするのですが、「この病気と一緒に生きていこう」とつらい現実を受け入れた患者のほうが、2年後には人生満足度も高くなることがわかりました。

もし交通事故で、両足が不自由になってしまったら、もう一生、苦しみ続けなければならないのでしょうか。

いえいえ、そんなことはありません。

歩けなくなってしまうことはつらい現実かもしれませんが、だからといって確実に不幸になるというわけでもありません。

たとえば車椅子アスリートを目指そうと考えれば、人生に意味を見出すことができますし、イキイキとした毎日を送ることができます。

どんな仕事にも「職業病」と呼ばれるものがありますが、私はというと何十年もずっと原稿を書き続けたせいか、「ジストニア」（昔でいう書痙《しょけい》）という病気になってしまいました。指がうまく動かないのでイライラしますが、治療法も確立していない難病らしいので、「まあ、この病気と一緒に生きていくか」と考えるようにしています。

つらい現実も受け入れるところから始める

63

行動には入念な計画が欠かせないと思うなら

もしあなたが喫煙者で、「禁煙しようかなあ……」と思ったのなら、その瞬間に禁煙をスタートしてください。そのほうが禁煙に成功する見込みが高くなるからです。「思い立ったが吉日」という言葉もあるくらいなのですから、始めたいときに始めるのが一番なのです。

「しっかりと入念な禁煙計画を立てて……」などと考えてはいけません。どうせ計画通りになどいかないのですから。

英国ロンドン大学のロバート・ウェストは、918名の喫煙者の調査によって、入念な計画を立てて禁煙しようとする人より、思い立ったらすぐに禁煙をスタートした人のほうが2・6倍も禁煙に成功しやすかった、という報告をおこなっています。

「最近は、タバコを吸っているとのども痛くなるし、喫煙できる場所も減っているし、禁煙でもしようかな」と思ったときが、一番モチベーションが高いときです。そのときにスタートしたほうがうまくいきます。計画を立てようとすると、なんだか面倒くさくなってきて、モチベーションも下がります。だから、うまくいかなくなるのです。

運動もそうです。思い立ったら、すぐに靴を履いて外に出ましょう。「明日から」などと悠長なことを言っていたら、「やっぱりやめた」ということになってしまいます。

自分を変える行動は、思い立ったときにスタートすることが肝心です。

思い立ったらその場ですぐ動く

64

コンプレックスがずっと気になっているなら

一重《ひとえ》まぶたがコンプレックスであるとか、鼻が低いことがコンプレックスであるとか、そういうコンプレックスを抱えたまま生きていくよりは、いっそのこと美容整形を受けてみるのはどうでしょう。

自分の容姿に関して、どうしても気になって、悩みながら暮らすよりは美容整形を受けたほうがスッキリします。

「せっかく親にもらった身体なのだから、メスを入れたくない」という考えは間違いです。親の気持ちになって考えてください。自分の愛する子どもが、コンプレックスを抱えて生きていくことを望む親などいません。美容整形を受け、コンプレックスを解消し、晴れやかな気持ちで人生を歩んでもらったほうが、親としてもうれしいのではないでしょうか。

米国オックスフォード大学のアン・クラッセンは、乳房縮小術という美容整形を受けることになっている128名の女性を対象に、手術前と手術後での気持ちの変化を調べてみました。その結果、美容外科手術を受けた女性は、心が軽くなり、スッキリすることがわかりました。それはそうですよね、長い間のコンプレックスがきれいになくなってくれたのですから、こんなに気持ちのいいことはありません。

というわけで、もし自分の容姿のどこかにコンプレックスがあるのなら、迷わずに美容整形を受けたほうがいいと思いますよ。

コンプレックスは迷わず解消する

65

「私は太っている」と思っているなら

もし標準体重を大幅に超えていても、自分のことを「肥満」とか「デブ」と考えてはいけません。なぜなら「肥満」とか「デブ」というのは、ネガティブなレッテルだからです。

かりに十分すぎるほどに肥満者であり、肥満度を示す指標のBMIが25以上であっても、「私は肥満者だ」と思わないことです。

「私は、とても恰幅《かっぷく》がいい」
「私は、ふくよかなタイプ」
「私は、セクシーボディ」

こんなふうに少しでもポジティブなレッテルを貼るようにしましょう。

ドイツにあるライプチヒ大学のアーニャ・ヒルバートは、ドイツ全土から320の地点を選び、千名を超える肥満者にインタビューをおこないました。その結果、「私は肥満者だ」というレッテルを貼っている人ほど、抑うつや不安を感じやすいことがわかりました。

スリムな体型の人でも、「私は肥満者」だと思い込んでいる人は、やはり抑うつになってしまいます。逆に、十分に肥満であっても、「私は普通」と思っていれば、そういう悩みを抱え込まずにすみます。

「病は気から」という言葉もありますが、身体の病気だけでなく、心の病気にもこれは当てはまります。

あなたも自分にネガティブなレッテルを貼らないでください。ひどいレッテルを貼って自分のことを見ていると、どんどん気分が落ち込んでしまいますから。

ネガティブなレッテル貼りはしない

理想と今の自分に大きな差があるなら

理想は大きく掲げるより、なるべく小さく持つほうがおすすめです。大きな理想を持っても、心が苦しくなるだけで益はありませんから。

理想と現実が食い違えば食い違うほど、私たちは現実の自分を受け入れられなくなります。気分も落ち込みますし、絶望を感じやすくなります。

米国ロチェスター大学のスティーブン・ポサヴァックは、広告に出てくるようなモデルを自分の理想として、自分の魅力や体型との食い違いが大きいほど、私たちの自尊心は大きく低下してしまうことを明らかにしました。

「モデルの○○ちゃんに比べて、どうせ私は……」

と感じていたら、毎日を楽しく過ごせません。「自分なんて虫けら」「私はダメ人間」などと自分を責めてばかりになるでしょうし、心が苦しくなるに決まっています。

「理想の体型」とか「理想の顔立ち」のようなものは、最初から持たないようにしたほうがいいですね。理想を持つと、現実の自分がとても惨めに見えてしまいますから。

心が晴れやかになるヒントは、現実の自分をそのまま受け入れてあげること。

少しくらいぽっちゃり体型でも、「私は、これでいい！」と思っていれば、そんなに気分の落ち込みも感じずにすみます。

今の自分をまるごと受け入れる

Chapter 4 脚注

1 痛みを感じるかどうかを100点満点で回答してもらったところ、「最高の自分」をイメージした人は57.55、コントロール条件では68.1だった（出典：Hanssen, M. M., et al.,2013）。

2 ハッピーかどうかは子ども自身に聞き、子どもの親にも評価してもらった。「あなたのお子さんはハッピーでしょうか？」と聞いてみたところ、やはり積極的なレジャーをしている子どもほど、うちの子どもはハッピーだと親も認めた。

3 米国ハーバード大学のベッカ・レヴィが、新聞広告などで募集した高齢者90名（平均73歳）を対象におこなった。

4 米国コロラド大学のスコット・シェーファーは、オンライン広告で募集した40名におこなった。

5 米国デューク大学のキャサリン・シーによる。

Chapter 5

暮らしをもっと充実させる

低カロリーなら大丈夫と思っているなら

食品のラベルに「低カロリー」と書かれていると、たいていの人は安心するのではないでしょうか。「これを食べても太らないぞ」と。

しかし、その考え方は危険です。むしろ「低カロリー」のラベルや表記があるものを見たら、気をつけなければなりません。ついつい安心してたくさん食べてしまうからです。

この「安心感」がくせ者なのです。

オランダにあるマーストリヒト大学のブリジット・ブーンは、バニラ、チョコレート、ストロベリー味の3種類のアイスを食べてもらうという実験をしてみました。ただしアイスには「高カロリー」

という ラベルと、「低カロリー」というラベルのどちらかが貼られていました。

その結果、ダイエットをしている女子大学生は、ダイエットをしていない女子大学生に比べて、「低カロリー」というラベルがあるときにたくさん食べることがわかりました。

そもそも、低カロリーなのだから、お腹いっぱいに食べても大丈夫だろう」と思ったのでしょう。

「低カロリーだからといって、たくさん食べていいというわけではないはずです。どんな食べ物でも、食べすぎていたら体重が増えてしまうのは当たり前だからです。

「低カロリー」というラベルの商品を食べるときには、くれぐれも気を抜かないように。むしろそういうときは、気を引き締めるくらいがちょうどいいのです。

ラベル表示につられて食べすぎない

68

ヘルシー食品を意識して食べる人は

「低カロリー」というラベルには気をつけなければなりませんが、似たようなラベルに「ヘルシー」というものもあります。こちらにも気をつけなければなりません。

ヘルシーな食べ物でも、たくさん食べていたら、やはり太ってしまうのですから。

カナダにあるトロント大学のヴェロニク・プロヴェンチャーは、99名の女子大学生にオートミール・レーズン・クッキーを試食してもらう実験をしてみたのですが、試食前に「ヘルシーなんですよ」と言われると、食べる量が35％以上も増えることがわかりました。

「ヘルシー」というラベルを見たら、むしろ警戒するくらいでいいのだと思います。ヘルシーという言葉で安心してしまい、たくさん食べてしまうのを避けるためです。

食品のメーカーは、売上を伸ばすために、本当はそんなにヘルシーでもないのに、「ヘルシー」という言葉をバンバン使って、消費者をうまく誘惑しようとするものです。

そういうカラクリを知っておくと、ヘルシーという言葉を見ても食べすぎを予防することができるでしょう。

安心感や購買意欲をそそる文句に注意する

69

ダイエットを考えているなら

ちょっと小腹が空いたと感じたり、ストレスがたまっているときに、間食をとる人は少なくないでしょう。しかし、美しい体型を維持したいのなら、あるいはそういう体型になりたいのなら、食事以外のところで余分なカロリーはなるべく摂取しないほうがいいのです。

英国サリー大学のジェーン・オグデンは、80名の女性にパスタを試食してもらう実験をしてみたのですが、「食事」と伝えるとあまり食べないのに、「軽食」（スナック）と伝えるとたくさん食べてしまうという結果を得ています。

食事については気にするのに、おやつについてはそんなに気にしない人は多いと思います。そういう人は、「たいして食べてないのに、なぜか太っちゃうんだよ」と首をかしげることも多いと思うのですが、原因はこの間食にあります。せっかく食事を減らしても、間食を増やしてしまったら元も子もありません。

食事は1日に3食と決めて、それ以外の時間帯には何も口にしないのが一番いい方法です。

小腹が空いたからといって、チョコレートを食べたり、ポテトチップスを食べていたりしたら、いくら食事制限をしても、スリムになれるわけがないのです。

おやつも「食事」と考える

70

食事のときにスマホを見てしまう人は

テレビを見ながら、あるいはスマホで動画を見ながら食事をすることを「ながら食事」と呼びますが、最近ではスマホを見ながら食事をしている光景をよく目にします。

食事はただ栄養をとるためだけの行為ではありません。五感でそのおいしさを堪能したいものです。

それに「ながら食事」をしていると、肥満になりやすいことがわかっています。

とある実験で、参加者に朝食を抜いてきてもらい、ハムサンドウィッチやチーズサンドウィッチのランチを食べてもらい検証したものがあります。[1]

半分のグループには味わってもらいながら食べて

もらい、残りの半分には利き手でないほうの手でゲーム（ソリティア）をしてもらいながら、利き手でサンドウィッチを食べてもらいました。

ランチがすんだところで、さらにビスケットのおやつも食べてもらったのですが、ゲームをしながら食べた人のほうがおやつを食べる量は2倍近くにもなりました。

ゲームをしながら食事をすると、自分がどれくらい食べたのかよく覚えておらず、満腹感もあまりないので、ついたくさん食べてしまうことがわかったのです。

ながら食事は肥満のもと。スマホやテレビを見ながら食事をするのはやめたほうがいいのです。そのほうが食事の味や香りもしっかり味わうことができますので、一石二鳥です。

「ながら」をやめて食事を味わう

71

外食で食べすぎてしまう人は

私たちは「セット」になっているものを好みます。ランチのときには「ランチセット」や「日替わりセット」を注文する人も多いでしょう。そのほうがお得感があるからです。何も考えずに決めてしまう人も少なくありません。

たしかにセットはお得感がありますが、そうするとカロリーを過剰にとりすぎてしまうということに、多くの人は気づいていません。

フードとソフトドリンクは、しばしば「セット」や「コンボ」になっていて、多くの人がそれを注文してしまうことを「随伴《ずいはん》選択」と呼んでいます。[2]

たとえば、ソフトドリンクは砂糖がふんだんに含まれています。本当はそういうものは極力控えめにしたほうがよく、フードだけを注文したほうが、肥満予防にもなります。

ところが私たちは、ソフトドリンクやフライドポテトは控えめに食べたほうがいいと頭ではわかっていても、ついつい習慣、あるいはお得感でセットを注文してしまうのです。

ではどうしたらいいかというと、セットではなく、単品で注文することです。

メニュー表を見るときには、セットではなく、単品のものから選ぶようにします。

ほんのちょっとした心がけではありますが、こういう注文の仕方をしたほうが肥満にもなりにくくなりますし、健康を維持できるものです。

食事はセットではなく単品で選ぶ

72

いつも寝る前に憂鬱になる人は

物事を悲観的に考えてしまう人は、毎晩、日記をつけてみるとよいかもしれません。

ただし、普通の日記ではなく、その日に起きた3つの素晴らしい出来事を書くようにするのです。

これは、「3つのいいこと」（スリー・グッド・シングズ：3GT）と呼ばれるテクニックです。

日記は書き慣れないうちは大変です。そのため長いものでなく、箇条書きで十分でしょう。

「電車でお年寄りに席を譲ってあげたら、ものすごく感謝してもらえた！　僕もうれしい！」

「路上に落ちているゴミを拾ったら、見知らぬ人に『若いのに偉いなあ』とホメられた！」

「他部署の人に『おはよう』と挨拶したら、笑顔を見せてくれた」

こんな感じで書いていきます。

毎晩、1日の終わりに今日起きた素晴らしいことを3つ書くようにすると、1日の終わりをハッピーな気分で終えることができ、それが心理的な健康度を高めてくれるからです。[3]

ついついネガティブなことばかり考えてしまうという人は、ぜひこのやり方を実践してみてください。

「3つのいいこと日記」をつける

73

イヤなことがあって気分が晴れないときは

うれしいことや楽しいことの日記をつけることはいい方法ですが、ではその反対のことを書いたら、いったいどうなるのでしょうか。

それは「ネガティブ日記」です。

イヤなことを書き連ねていたら、ますますネガティブな方向に落ち込んでしまいそうな気もしますが、じつをいうと、そうではありません。

「ネガティブ日記も決して悪くはない」という驚きの結果を示す研究があります。

米国ミズーリ大学のチャド・バートンは、49名の大学生を2つに分け、2日間、わずか2分だけの日記をお願いしました。片方のグループにはポジティブな出来事だけを書いてもらい、もう片方のグループにはトラウマを感じた出来事だけを書いてもらいました。

それから4週間から6週間後に調べてみると、どちらのグループでも身体的な不調の訴え（頭が痛い、よく眠れない、身体が重いなど）が減ることがわかりました。ポジティブ日記が効果的なのは想像がつきますが、ネガティブ日記も負けないほどに効果的だったのです。

結局、ポジティブなものであれ、ネガティブなものであれ、自分の感情をすべて受け入れて、それを紙に書き出すという行為そのものが、私たちの心理的な健康を高めてくれるのかもしれません。

いい感情も悪い感情も書き出して手放す

74

楽観的に考えられる人になるには

日本人の多くは無宗教であるそうです。NHKがおこなった「宗教」に関する世論調査（2018年）では、62％の人が無宗教だったそうです。

別に特定の宗教に入信する必要はありません。ただ、「神さま（あるいは仏さま）って本当にいるよなあ」と考えたほうが、心理的なメリットを享受できることがわかっています。

米国で、平均43歳の成人235名に、「神さまの存在を信じますか？」といった項目で質問をおこない、それぞれの信心深さを測定した研究があります。[4]また同時に、将来に楽観的かどうか、うまくいかないときでも大丈夫と思えるかどうかも尋ねました。

その結果、信心深い人ほど、将来を楽観的に考え、仕事や恋愛でうまくいかなくともそんなに落ち込まないことがわかったのです。

神さまの存在を信じるのは、悪いことではありません。「私は、神さまに守られている」と思うと、そんなに不安も感じなくなるからです。

神さまでなく、ご先祖さまでもかまいません。とにかく、自分は超自然的な存在に守られている、と信じていたほうが、困った状況に陥ったときに、深く悩みすぎないようになるのです。

どこかで「神さま」の存在を信じる

75

高い理想を持っている人は

最大の利益や幸福を求めることを「最大化戦略」と呼び、それなりに満足できるところで折り合いをつけるやり方を「満足化戦略」と呼びます。

たとえば、洋服を買おうと思っているとして、「完ぺきに自分の趣味に合う服が見つかるまで、試着をくり返したい」と思うような人は最大化戦略で行動していることになります。

一方、「まあ、これでいいか。そんなに悪くないし」と適当なところで試着をやめる人は満足化戦略で行動していることになります。

さて、最大化戦略をとる人と、満足化戦略をとる人では、どちらがよりハッピーになれるのでしょうこのことを調べた研究では、満足化戦略で行動している人のほうが、人生にも満足し、優柔不断にもならず、しかも後悔を感じることも少なくなる傾向が見いだされたのです。

たとえば婚活の場合でいえば、「絶対に理想の人が見つかるまで結婚しない！」と決めている人は、なかなか結婚することはできないでしょう。その点、ほどほどで満足できる人なら、婚活もうまくいきます。お金持ちでなくとも、学歴が低くとも、やさしい人ならそれでいいやと思っていれば、いくらでも素敵な人を見つけることができるからです。

あなたも、ほどほどのところで折り合いをつける人になりましょう。そのほうがハッピーな人生を送ることができますよ。

ほどほどのところで折り合いをつける

76

幸せな気分になりたいなら

あなたは、5年後の自分、10年後の自分というものを頭の中で描いているでしょうか。

自分の将来について、明るい空想をしていると、それだけで楽しい気持ちになりますし、悩みを感じたりせずにすみますよ。

「5年後にはたぶん結婚して子どもを授かっているかも」

「5年後には、独立しているかもな」

「10年後には、定年してガーデニングでもしながらのんびり暮らしているだろう」

こんな感じでヒマを見つけては将来の自分の姿を空想してみてください。自分の勝手な妄想でいいのですから、できる限りバラ色の将来を思い浮かべてみましょう。

81名の大学生に4日連続で20分のエッセイ（テーマは「将来の自分の夢」）を書いてもらった実験があります。[6] その3週間後に測定したところ、将来の自分を夢見たエッセイを書いた人たちは、そうでない人に比べて心が晴れやかになることがわかりました。また、実験から5か月の間に大学の健康センターに相談に来た学生は一人もいなかったのです。

将来の自分を夢見ることは、幸せになるコツと言えるでしょう。

ぜひちょっとした時間を見つけては、楽しい未来を想像してみてはいかがでしょうか。

将来の夢を描いてワクワクする

将来の出来事にガッカリしたくないなら

あなたは将来のことを楽観的に考えるほうでしょうか。もしくは悲観的に考えるほうでしょうか。

できれば将来のことは悲観的にあれこれと考えておけば、実際にそういう出来事が起きても、「ほら、やっぱり思った通りだった」と軽く受け止めることができます。

米国ミシガン大学のジュリー・ノレムは、楽観性を測定するテストで高得点だったオプティミスト（楽観主義者）を35名、逆に得点の低かったペシミスト（悲観主義者）29名を抽出し、同じパズルに取り組んでもらいました。[7]

その結果、オプティミストは「できる」と予想したのに実際にはできないと、気分がへこんでしまうことがわかりました。逆に、「できない」と予想したペシミストは、たとえパズルがうまくできなくとも、「ほら、予想どおり」と軽く受けとめることができました。

あらかじめ自分の期待を低くして、悲観的なことを考えておけば、たとえうまくいかなくとも気分は落ち込みません。ノレムは、この方法を「防衛的悲観」と呼んでいます。

将来に期待しなければ、うまくいかなくとも心は傷つきません。一方でもし予想に反してうまくいったときには、「ラッキー！」と心から喜ぶこともできます。

悲観的に考えたほうが、心理的に都合がいいといえるのです。

悲観的に考えて予防線を張る

78

健康面で懸念があるなら

あなたは今、健康面で心配事を抱えていないでしょうか。

もし何か心配があるなら、健康診断を受けるようにしましょう。診断結果がよければ、心配事をひとつ減らすことができるのですから。

健康診断や検査をしないと、自分が健康的なのか、そうでないのかがわかりません。そういう状態では、いつまでも悶々とした気持ちが続いてしまいます。

ハンチントン病という遺伝性の病気があります。親や兄弟がハンチントン病であると、自分自身もハンチントン病になる可能性が高くなります。そのため、「自分は大丈夫なのだろうか」「そのうち発症してしまうのではないか」と怯えながら暮らさなければなりません。けれども、そういう人も検査をすると心がスッキリすることが心理学的に検証できています。[8]
たとえば今は、がんの簡易検査も自宅で簡単にできます。
検査の結果で「何もない」とわかれば、しばらくの間は悩まずにすみます。半年に1回、年に1回と決めて検査をしてみれば、不安はだいぶ軽減されるでしょう。

健診や検査で身体の心配事を解消する

79

食事をおいしくとりたいと思うなら

食事は一人で食べることが多いですか。それとも家族や友人と食べることが多いでしょうか。

できれば、だれかと一緒に「うわぁ～、おいしい！」と何でもおいしそうに食べる人と一緒のテーブルで食べたいですね。

というのも、目の前の人が「うまい！うまい！」とうれしそうな顔で食べていると、こちらもなぜか食事をおいしく感じることができるからです。

他の人がおいしそうに食べている写真、あるいはまずそうな顔で食べている写真を見せた実験では、おいしそうな顔で食べている写真を見ると「私も同じものを食べたい！」という気持ちが高まることがわかりました。[9]

その料理が、たとえ多くの人にとっては苦手なものでも（生の赤身肉、レバー、血が入ったソーセージ）、写真の人物がおいしそうに食べているときには、「自分も食べたい」という気持ちになったのです。

どうせ食事をするのなら、おいしそうに食べる人と一緒のほうがいいですね。そのほうが自分もおいしいと感じながら食事ができます。

最近は家族で一緒に朝食や夕食をとることが減ってきて、一人で食事をする人が増えています。でも、できるだけ家族で食事をとったほうが家族みんなで幸せになれるのでおすすめです。

おいしそうに食べる人と一緒に食事をする

80

運動するのが億劫で習慣にできていないなら

運動する習慣を身につけたいと思っても、なかなかうまくいかない人も多いのではないでしょうか。人間はもともと面倒くさがり屋ですので、運動が健康にいいことは重々承知していても、「う〜ん、面倒くさいな」と感じてしまうのです。

運動をしないことにはいろいろな理由や言い訳があると思うのですが、どうしても運動できないというのなら、無理に運動はしなくともいいでしょう。

その代わりに、日常生活の中に、運動の要素を組み込んでしまうのはどうでしょうか。

そのひとつの方法が、「階段を使う」こと。階段を上ったり下りたりするのはかなりの運動になります。エスカレーターやエレベーターを使わないようにするだけで、十分な運動になります。
ある検証では、日常生活に階段を使うことを組み込んだ女性が、動脈硬化になりにくくなり、心臓に負担がかからなくなったことがわかっています。[10]
「運動はちょっとイヤだな」という人は、このように日常生活に運動を組み込んでしまいましょう。階段を使うのもそうですし、バスや電車を使うときに、目的地のひとつ前の駅で降りて、そこから歩いてみるのもいいでしょう。

日常の中に運動を組み込む

自然と健康意識を高めたいなら

意識してダイエットをしようとか、運動をしようとしなくとも、日常生活の中で「歩数」の記録をとるようにすると、たくさん歩こうかな、という気持ちになります。

米国ミネソタ大学のスティーブン・ストヴィッツは、かかりつけ医に患者のボランティアを募ってもらい、94名の参加者を集めました。

その参加者を2つに分け、片方には9週間、万歩計を持ち歩いて生活してもらいました。すると、万歩計を持っていないときには1日の歩数が平均6779歩だったのに、万歩計を持ち歩いてもらうようにすると平均8855歩になったのです。比較のために万歩計を持たせないグループでは、当然ながら歩数の増加は見られませんでした。

この実験のポイントは、万歩計を持ってもらうだけで、「歩数を増やすように」とか「運動をするように」というお願いはなされなかったことです。ただ携帯してもらうだけ。記録をとってもらうだけです。にもかかわらず、私たちは記録をとるようにすると自然にたくさん歩こうという気持ちになるのです。

スマホのアプリで万歩計をダウンロードし、1日の終わりには自分の歩数の記録をとるようにしましょう。そうすれば、だれでもいつの間にか健康的なライフスタイルの習慣が身につくことでしょう。

万歩計を使って毎日歩数を記録する

82

自分の子が自閉症で心配なら

自閉症スペクトラム障害の子どもは、対人関係がものすごく苦手です。相手が何を考えているのかもよくわからず、場の空気を読むのも苦手です。

自分の子どもが自閉症だと診断された親は、子どもの将来が心配になってしまうかもしれません。

ですが、「対人関係が苦手」と考えるのではなくて、「理系向き」と考えるようにすればどうでしょう。自閉症児は、人間には興味がなくとも、自分の興味がある対象には信じられないほどの集中力を発揮するからです。

米国ケンブリッジ大学のサイモン・バロン＝コーエンは、ケンブリッジ大学の、数学、エンジニアリング、物理学専攻の641名と、英文学、フランス文学専攻の652名について、自閉症の学生がどれくらいいるのかを調べてみました。
その結果、理系専攻のほうが自閉症の学生が非常に多いことがわかりました。[11]
理系では、人間以外のものが研究対象になります。コンピュータサイエンスとか、エンジニアリングの方向に進んでもらえれば、水を得た魚のようにイキイキとした人生を送ってくれるはずです。
そう考えれば、それほど心配することもないと思えるのです。

「理系向きなんだ」と考える

83

自分の外見が気になってしまうなら

鏡を見ると、何が映るのでしょう。

そこには、あまり顔だちのよくない自分の顔が映ります（笑）。

自分の顔が好きなら別なのでしょうが、たいていの人は鏡を見るたび、「老けたな」とか「肌が汚いな」とか「ヒゲのそり残しがみっともないな」という現実に打ちのめされることになります。

したがって、心理的な健康を保つためには、あまり鏡を見ないほうがいいのです。

科学的実験によっても、鏡を見る回数を減らすと、自分に対する外見の不満が減り、対人不安も減ることがわかっています。[12]

もしあなたが外見を気にする人なら、鏡はあまり見ないほうがいいのです。今以上に外見が気になってしまうからです。

「私は自分の顔が一番好き」と心から言える人は、鏡を見るたびに陶酔感が得られるのかもしれませんが、大半の人はそうではありません。ですので、鏡を見る回数をなるべく減らすように意識してみてはどうでしょうか。

鏡は極力見ないようにする

Chapter 5 脚注

1 英国ブリストル大学のローズ・オールドハム=クーパーによる実験。

2 米国オレゴン大学のベティーナ・コーンウェルによる。

3 南アフリカのノース・ウェスト大学のマーク・ショタヌス=ディクストラは、新聞で募集した人に「3つのいいこと」を依頼し、3か月後、6か月後、12か月後に調査した。すると楽観的になり、自分にやさしくなり、レジリエンス（ストレス耐性）も高まる結果になった。

4 米国メリーランド州にあるロヨラ大学のジョセフ・チアロッチによる。

5 米国ボーリンググリーン州立大学のダリア・ディアブによる調査で、191名の大学生を対象におこなった。

6 米国サザン・メソジスト大学のローラ・キングによる。

7 パズルをやる前に、「どれくらいうまくできると思うか?」と尋ねると、オプティミストは「たぶんできる」と予想し、ペシミストは「たぶんできない」と予想した。

8 カナダにあるブリティッシュ・コロンビア大学のE・アルムクイストは、ハンチントン病が発症するリスクが50%ある人に、遺伝子検査を受けてもらった。それから2年後と5年後にフォローアップすると、遺伝子検査を受けた人は悩みや抑うつを感じにくくなることがわかった。

9 フランスにあるクレルモン・フェラン大学のレリッタ・バーソミューは、地元の新聞広告で募集した88名の男女に調査した。

10 英国アルスター大学のコリン・ボレハムは、健康な女性22名のうち、12名には7週間の「階段を使おう」プログラムに参加してもらい、残りの10名はこれまでと同じ生活をしてもらった（コントロール条件）。その結果、階段を使った女性のHDLコレステロールの濃度は高くなり、酸素摂取量と心拍数は減った。

11 割合としては文系の学生では100人に1人だが、理系では50人中に6人だった。

12 米国フロリダ州立大学のナタリー・ウィルバーは、84名の女子大学生を、実験群41名、何もしないコントロール条件43名に割り当てた。このうち実験群にのみ「これから2週間はあまり鏡を見ないでください」とお願いし、毎晩「鏡を見る回数を減らして」というリマインドメールも送って検証した。

Chapter 6

すこやかな
心身を手に入れる

84

気をまぎらわせたいときは

不安なことがあったら、「おしゃべり」をするのが有効です。話の相手はだれでもいいですし、話題はなんでもかまいません。とにかくおしゃべりしていれば、気がまぎれて不思議と不安を感じずにすむからです。

英国サリー大学のブリオニー・ハドソンは、局所麻酔で静脈瘤の手術を受ける398名を対象にして、手術中に気をまぎらわせるテクニックをいろいろと試してみました。看護士とのおしゃべり、ストレスボールを握る、音楽を聴くなどです。

その結果、看護士とのおしゃべりがとても効果的であることがわかりました。

だれかとしゃべっていると、そちらに注意が向いて、不安を感じにくくなるのですね。

私はとても緊張しやすいタイプなので、講演会やセミナーに呼ばれたときには、「講師控室」のようなところが用意されていても、そこにほとんどいません。主催者の人や会場の参加者に話しかけるようにしています。

控室に一人でじっと待っていると、うまく話せるかどうかが気になり、不安感ばかりが募ってしまうからです。

このやり方はとても効果的だと思いますので、スピーチやプレゼンをするときには、ぜひ試してみてください。驚くような効果を実感できますよ。

人と積極的におしゃべりをする

85

痛みや苦しみを軽減させるには

苦しいときには、注意を他のところに向けましょう。このテクニックは、「ディストラクション法」（注意拡散法）と呼ばれています。他のところに注意を向けていると、苦しさを忘れることができますからね。

前の項目で「おしゃべりしていると気がまぎれるよ」というお話をしましたが、じつは他人とのおしゃべりも立派なディストラクション法のひとつであるわけです。

アイルランド国立ゴールウェイ大学のジャック・ジェームズは、痛みを感じるほどの冷たい水に手を入れて、できるだけ我慢をするという実験をしてみました。ただし、半分のグループには、コンピュータの画面に出てくるアルファベットに注意を向けるようにして、残りの半分は冷たい水に入れた手の感覚に注意を向けてもらいました。

それから自分の感じる痛みを答えてもらったのですが、コンピュータの画面を見てディストラクションさせたグループでは、痛みをそんなに感じなくなることがわかりました。特に不安を感じやすい男性に効果的だったということです。

ですから、苦しいときには、自分の注意を何か他のところに向けるようにしてみましょう。何か楽しいことを考えてみるのがおすすめです。注意を他のところに向けるようにすると、苦しいことも忘れることができます。

他に注意を向ける

86

人に言えない悩みがあるなら

肺移植を待つ人は、どうしても生活に不安を抱えてしまいます。いつまで待てばいいのか、待っているうちに死んでしまうのではないかということに怯えて暮らさなければならないからです。

そこで米国フロリダ大学のジェームズ・ロドリグは、肺移植の順番待ちリストに入っている35名を対象に、毎日、電話でのカウンセリングをおこないました。カウンセラーは「ただ待っているだけでは苦しいでしょうから、毎日、ちょっとした楽しみを見つけてみましょう」「自分の悩みを明確化しましょう」などといったアドバイスをおこないました。

それから1か月後、3か月後に測定をおこなうと、健康、仕事、自尊心、お金、人間関係など16の領域での満足感が高まることがわかりました。

このように、悩みがあるなら、電話やメールでの相談窓口を利用してみることが効果的です。人に相談してみると、自分の不健康な信念の誤りに気づくことができますし、心もスッキリするかもしれません。

ちなみに厚生労働省では、「働く人の『こころの耳メール相談』」という窓口を設けていて、働く人のメンタルヘルスの相談をメールで受け付けてくれます。

心の悩みを人に相談することに抵抗がある人も、メールであればそんなに抵抗も感じないのではないでしょうか。ぜひ気軽に相談してみてください。

メールの相談窓口を利用してみる

87

もっと健康になりたいと思ったら

たまに公園などで、お年寄りなどがゆっくりとした動作で太極拳をしているところを見かけることがあります。

「おそらく健康のためにやっているのだろうな」と思っていたら、本当に健康にいいという論文を見つけましたのでそれをご紹介しましょう。

米国マサチューセッツ州にあるタフツ大学のチェン・ワンは、「太極拳と健康」というキーワードで専門論文を検索したところ、40の論文を見つけることができました。

その結果を総合的に評価するメタ分析という統計手法をしてみたところ、太極拳には、ストレスを減らし、不安を減らし、抑うつを減らし、気分を高揚させ、自尊心も向上させる、ということがわかったそうです。[1]

もしご近所で太極拳教室があるのなら、そちらに通ってみるのもいいでしょう。地元のコミュニティーで太極拳サークルがあるなら、参加させてもらうのもいいですね。

もちろんユーチューブなどの動画で、太極拳を独学するのもいいでしょう。見よう見まねで身体を動かしてみるだけでも、やらないよりは絶対に効果はありますから。

太極拳を学んでみる

88

ウォーキングを習慣にしたいときは

私は趣味がウォーキングなので、歩くことがそんなに苦になりません。

ところが、どうも多くの人はそうでないらしく、ウォーキングがとても健康にいいとわかっていても、積極的にウォーキングをやろうとは思わないようです。

なかなか踏ん切りがつかない人は、他の人を誘って一緒にウォーキングしてみてはどうでしょうか。

一人で黙々と歩くよりも、友人や近所の人と一緒におしゃべりでもしながら歩くのであれば、苦しいと感じるよりも、むしろ楽しいと感じるかもしれないからです。

みんなで一緒にウォーキングすることを、心理学では「グループ・ウォーキング」と呼んでいて、これは非常に健康にいいことも明らかにされています。[2]

私のようにもともとウォーキングが大好きな人なら、雨の日だろうが、雪の日だろうが関係なくウォーキングできるのですが、そうでないのならぜひ友人を誘いましょう。だれかと一緒にグループ・ウォーキングをすることが習慣化されると、気乗りしない日でもウォーキングすることができます。

友人とおしゃべりしていると、ついつい話が盛り上がって歩きすぎることもあります。気づかないうちにずいぶん遠くまで歩いてしまうこともあるのです。

友だちやご近所さんを誘ってみる

悲観的な気分を立て直したいときは

落ち込んだり、不安になったり、悲観的になったり、ネガティブな気持ちになると、つい慌てていろいろなことをしてしまいがちです。でも、それはあまりいい作戦ではありません。

ではどうすればいいかというと、しばらく何もせずに放っておくのです。

「まあ、しばらく様子見をしておくか」というのが一番です。何もしないことが正解なのです。

「でも、何かしたほうがいいんじゃないの？」と思う人もいるでしょう。ところがそうでもないのです。

私たちの心には自然な回復力があって、何もしないで放っておけば、そのうち治ってしまうことが多いのですね。

人間の自然回復について調べた28の論文を分析したところ、心の障害の3分の2は、何もしないで放っておいても自然治癒してしまうことがわかりました。[3]

さすがに100%とまではいきませんが、3分の2のケースでは自然治癒が見られるのですから、安心して放っておいてもいいのではないでしょうか。

しばらく様子を見ているうちに、たいていの心の悩みはいつの間にか消えてしまいます。

ヘタにいじり回そうとしないほうがいいこともあるのです。

しばらくそのまま放っておく

緊張して ドキドキするときは

不安や恐怖、緊張を感じるときには、「私は不安だ」ではなく、「○○（自分の名前）は不安みたいだ」と、まるで他人事のように考えるといいでしょう。

傍観者のような視点で考えるようにすると、不安や恐怖の感情もそんなに感じずにすむことが明らかにされているからです。

米国ミシガン大学のイーザン・クロスは、2014年に起きたエボラウィルスの大流行のときに、次のような調査をしています。

インターネットで募集した1257名に、「私は怖い」ではなく、「クリス（自分の名前）は怖がっている」のように、傍観者のように考えるように指示し、その結果を検証しました。すると、指示された人はそんなに怯えなくなることがわかったのです。

たとえば人前でスピーチをしなければならないようなときは、つい緊張して「怖い」と思ってしまいます。そういうときは、自分のこととして考えるのではなく、「〇〇（自分の名前）はどうも不安のようだ。手も震えている」のように第三者的に、あたかも傍観者のように自分のことを見つめるようにします。

こうするだけで、ずいぶんと不安も軽減されるのでおすすめです。

傍観者のように考える

91

安心を得たいと思ったら

小さな子どもは、不安を感じたときに、お母さんやお父さんの手をぎゅっと握ります。公園で遊んでいるとき、見知らぬ人が近づいてきたりすると、すぐにお母さんのところに駆け戻って、急いで手をつかもうとするのですね。

なぜそんなことをするのかというと、身体的な触れ合いは、私たちを安心させてくれる効果があるから。

ですので、もしあなたが何か不安を抱えているのなら、他の人に触れてみることをおすすめします。

しかも、科学的な研究によれば、触れ合う時間はものすごく短くとも効果があることもわかっていま

微笑んで握手をする

す。驚くかもしれませんが、なんとたった１秒でも効果があるのです。[4] こんなに即効性がある方法は他にないのではないでしょうか。

触れ合ってもまったく不自然にならない方法は、握手です。にこやかに微笑んで手を差し出せば、自然な形で人と触れ合うことができます。

日本人に握手の習慣はありませんが、こちらから手を差し出すと、相手も応じてくれることがほとんどです。私は社会人になってからたくさんの人と握手をしていますが、一度も断られたことはありません。

あなたも、安心して握手をしてみてください。

92

人に触れずに安心を得たいときは

人と触れ合うと不安が消えるというお話をしました。

それでもやっぱり「人と触れ合うのはちょっと……」という人もいるでしょう。もともと人と触れ合うのは苦手という人もいるかもしれません。

そういう人は、ぬいぐるみでも効果があることがわかっています[5]。

柔らかで、ふわふわしているものを触っていると、私たちの心は落ち着くのです。

そういえば、小さな子どもはお気に入りの毛布を触るのが大好きですね。お気に入りの毛布がないと眠ることができない子どももいます。

こういう毛布のことを「安心毛布」と呼びます。漫画の『ピーナッツ』に登場するライナス・ヴァン・ペルトがいつも肌身離さず毛布を持っているので「ライナスの毛布」とも呼ばれます。

ぬいぐるみは持ち歩けないという方は、小さなハンドタオルのようなもの、しかも肌触りがいいものなら携帯できます。不安を感じたときには、そういうものを握りしめてみるのもいいかもしれませんね。

ぬいぐるみを触ることで心は癒される

93

いざというときに慌てないためには

病気になってから慌てて対処するのは大変です。それよりは、あらかじめ病気にならないように予防したほうがいいに決まっています。

これは身体の病気だけでなく、心の病気についても当てはまります。

米国ペンシルバニア大学のジェーン・ギリハムは、小学5、6年生を対象にして、毎週1時間半、「イヤなことがあったらどうすればいい？」という訓練を受けてもらいました。子どもたちは、たとえば「自分を責めるな！」「本当は何が問題なのかをしっかり考えろ！」「親に相談しろ！」「心をリラックスさせろ！」といったことを学びました。

だいたい中学生に入学すると、いろいろと悩みが増えてくるものですが、予防訓練を受けて（あるいは受けないで）、2年後に調査してみると、この予防訓練を受けなかった条件の子どもの29％は強い落ち込みを感じたのに、予防訓練を受けた条件では強い落ち込みを感じるのはわずか7・4％にとどまることがわかったのです。

この例からわかることは、気分が落ち込んだときにどうすればいいのか、あらかじめ考えておくのが効果的ということ。

問題が起きてから「どうしよう？」と考えたらパニックになりますが、事前に考えておけば対処できる可能性が高まるのです。

何もないときに落ち込んだときのことを考えておく

感情の浮き沈みが激しいと思ったら

あなたは感情の浮き沈みが激しいほうでしょうか。

感情は、いつでも落ち着いている（感情安定性が高い）ほうが、精神的にいいものです。[6]

感情安定性と反対にあるのが「神経質」です。神経質な人は、ものすごく小さなことにも敏感に反応してしまい、心を病んでしまう傾向があります。

自分が神経質だという自覚があるのなら、小さなことにはなるべく反応しないように気をつけることです。少しくらい汗をかいたからといって、すぐに制汗スプレーを使おうとしたり、他人が触れたものには、すぐに消毒をしようとしたりするのは、やりすぎです。

几帳面なことはもちろん悪いことではありません。ただ、あまりに神経質になりすぎるようなら注意するといいでしょう。

人間の性格は、そのうち変わるものです。

若いときには神経質だったのに、ある程度の年齢がくると、「なんだか、どうでもいい」と感じるようになり、少々のことでは情緒が乱れなくなります。

もちろん、自分で意識的に神経質になりすぎないように心がければ、若い人でも感情安定性を高めることもできます。

「どうでもいいや」と意識して考える

95

つい医者や薬に頼ってしまう人は

私たちの手には、癒しの効果があります。やさしく手でなでられたり、揉んでもらったりすると、痛いところも治るのです。

現代のように十分な薬などなかった時代には、患部を手でやさしくなでることで治療がおこなわれました。

「手当て」という言葉の語源も、ここからきています。今ではたいていの病気には薬がありますので、手当てをする必要もなさそうに思えますが、そんなこともありません。

患部をやさしくマッサージしていると痛みが治まり、鎮痛剤を使う量が減らせます。[7]「手当て」は捨てたものではない効果を持っているのですね。

街を歩いていると、足マッサージや指圧の施術をしてくれるところを見かけます。ぜひ時間があるときに、そういうところで積極的にマッサージをしてもらいましょう。

そんなに高額でもありませんし、短時間ですむので、軽い気持ちでマッサージを受けてみることをおすすめします。身体の疲れも吹き飛ぶうえ、心もスッキリするのではないでしょうか。

マッサージを受けてみる

96

ついイライラして物に当たってしまうなら

漫画『クレヨンしんちゃん』で登場するネネちゃんは、気に入らないことがあるとうさぎのぬいぐるみを殴ります。ぬいぐるみを思いきり殴れば、気分がスッキリするというわけです。

けれども、心理学的には、この方法は間違えています。物に八つ当たりしても、怒りはおさまらないどころか、かえってムカムカしてしまうのです。

米国で「堕胎は是か非か」というエッセイを書く実験がありました。[8] このとき、そのエッセイは「文章がひどくて、オリジナリティーがなく、表現もあいまいだし、説得力がなく、こんなにひどいエッセイは読んだことがない」とさんざんにこきおろされます。一生懸命に書いた文章に対して、「怒り」を高めるためにそういうひどい評価をしたのです。

十分にムカムカしてもらったところで、これはボクシングのエクササイズだと告げてパンチング・バッグを殴ってもらう条件と、何もしないで2分間静かに待つという条件に分けて観察しました。すると、パンチング・バッグを殴る条件では、怒りがおさまるどころか高まることがわかったのです。

イライラして物に当たる人は少なくありませんが、気分が晴れるわけではありません。そういうときは何もせずに、静かに放っておいたほうがいいのです。

八つ当たりせずに静かに放っておく

97

イヤなことから
すぐに立ち直りたい
と思ったら

自分にはユーモア・センスがあると自認し、配偶者からも「私の夫（妻）は面白い人なんですよ」と評価される人ほど、長生きできることがわかっています。[9]

イヤなことがあっても、意識的に笑い飛ばすことが大切です。

「いやあ、クビになっちゃった、アハハ。もう笑うしかないよね、アハハ」

「徹夜をして企画書を書き上げたのにダメだなんて、笑っちゃうよね、アハハ」

ポイントは落ちこむのではなく、笑い飛ばすこと。そして事態を深刻に受けとめるのではなく、できるだけ気楽なものとして考えるようにすることです。

ひとしきり笑い転げていると、気分も落ち着きますし、「さてと、明日からしばらくはハローワークに通わなければならないな」とか、「もう一度企画書を練り上げて、持っていくか」という前向きな考えもできるようになります。

なお、ユーモアのセンスは、生まれつきで決まっている資質ではなくて、自分で変えることができるものです。お笑い番組を見たり、ギャグ漫画を読んだり、コメディー映画をたくさん見るようにすると、だれでも身につけることができます。ですから、ふだんからなるべく面白いものにたくさん触れるようにするのがおすすめです。

なんでも「アハハ」と笑い飛ばす

98

表情だけで気分を前向きに変えるには

面白いことなど何もなくとも、それでも常に笑顔をつくることが大切です。

目じりを下げて、口角を上げ、ニコニコした顔を常にキープするのです。別にインチキな笑顔でもかまいません。

私たちの感情は、自分がどんな顔をしているかによって影響を受けます。仏頂面《ぶっちょうづら》をしていると、何だか不機嫌な気持ちになってしまいますし、笑顔を見せていると、気分がウキウキしてくるのです。

さまざまな事情で笑顔がつくれなくなってしまった人を調べると、私たちが思っている以上に顔の表情が気分に影響することがわかっています。

顔面マヒや顔にできた腫瘍の摘出などで、笑顔を作れなくなってしまった29名を調査した例では、抑うつになりやすくなり、不安を感じやすくなってしまうことがわかっています。[10] 物理的に笑顔をつくることが難しくなってしまった人は、笑顔をつくれなくなるだけでなく、感情の落ち込みまで起きてしまうのです。

自分がどんな顔をしているのかによって感情が決まるのなら、楽しいこと、うれしいことなどなくとも、ニコニコ顔をつくることが得策ですよね。そういう顔をしていれば、どんどん気分も上向いていくのですから。

ぜひ意識してみることをおすすめします。

気分はニコニコ顔をつくれば変わる

声だけで気分を前向きに変えるには

私たちの感情は、表情だけでなく、自分が出す声によってもさまざまに変化します。うれしい声、はずんだ声を意識的に出すように心がけると、どんどんハッピーな気分になっていくことが知られています。

私たちの表情は、自分の出す声によって変わっていき、それに連動して感情も変わるということです。

ある実験で、ハッピーな声を出していると幸せそうな顔になり、悲しい声を出そうとすると悲しい顔になり、不機嫌な声を出そうとすると、怒った顔になったことがわかっています。[11]

ですから、ふだんから意識的に、できるだけ明るい声を出すことは心理的にも大変有効なのです。

とりわけ多くの学生を見ていると、男性に比べて、若い女性はとても活気があって、楽しそうな顔をしていることが多いと感じます。それは、若い女性が陽気な声を出しているからではないでしょうか。

楽しいことやうれしいことがあるから明るい声になるのではなく、明るい声を出すから気分も前向きになると考えるのがポイントです。

ぜひ陽気な声を出しておしゃべりすることを心がけてみてください。

気分は陽気な声を出せば変わる

100

他人のやることがつい気になってしまうなら

タモリさんは、自分の食事を自分でつくってしまうそうです。奥さんに食事をつくってもらうと、「味が薄い」などといろいろと不満を感じてしまうからだそうです。文句を言うくらいなら、最初から自分でやってしまったほうがいいという判断ですね。

たしかに、他の人に仕事をお願いして、その仕事ぶりが気になるくらいなら、最初から自分でやってしまったほうが気分もいいはずです。他の人をアテにしなければよけいな気疲れもありませんしね。

私たちは、他の人の力に頼っていると、どんどん無気力になっていきます。だから、できることは何でも自分でやったほうがいいのです。

とある老人介護施設でおこなった実験があります。[12] その施設では、それまですべてのことを施設のスタッフがやってくれ、至れり尽くせりのサービスを受けていました。

この施設で、サービス方針を正反対に変えてもらい、入居者が自分でできることは全部自分でやるようにしてもらったのです。着替えを自分でできる人は自分でやってもらい、身体が動く人は施設内の植物の水やりなどもしてもらいました。するとどうでしょう、入居者たちはイキイキとし始め、よく笑い、おしゃべりもするようになりました。[13]

あなたも、できることは自分でやることで、ぜひ活力あふれる毎日を送ってください。人に気をつかうことが減って、不満も減って、いいことだらけですよ。

自分でなんでもやってしまう

Chapter 6 脚注

1 1つや2つの論文では結論の信頼性はそんなに高くないが、40本もの論文によって「健康に効果アリ」という結果が得られていれば、信ぴょう性は高いと考えられる。

2 英国イースト・アングリア大学のサラ・ハンソンは、グループ・ウォーキングと健康の関係を調べた42の研究をメタ分析（総合的な判断を下す統計手法）して、グループ・ウォーキングには、血圧を下げる効果、心拍数を下げる効果、抑うつを減らす効果があることを明らかにした。

3 米国ユタ州にあるブライアン・ヤング大学のマイケル・ランバートによる調査。

4 オランダにあるアムステルダム自由大学のサンダー・クールは、女性アシスタントがわずか1秒触れただけで、自尊心の低い人は他の人とのつながりを感じて安心し、死の不安を感じにくくなることを実験的に確認している。

5 シンガポール国立大学のケネス・タイは、181名の大学生にインチキな心理テストを受けてもらい、「あなたは一人きりの寂しい老後を送ることになるタイプです」というインチキな結果を伝えた（これはネガティブな感情を高めるための操作）。その後で80センチの大きなテディ・ベアのぬいぐるみのマーケティング調査という名目で3分間好きなだけ触ってもらうと、「あなたは寂しい老後を送るタイプ」と言われて傷ついた心も癒されることがわかった。

6 米国フロリダ大学のモニカ・アーデルトは、1915年から1924年にハーバード大学を卒業した人を60年間追跡したところ、学生のころに「感情安定性」が高い人ほど、悩みや抑うつが少なく、心理的に健康であることがわかった。

7 インドネシアにあるムハマディヤ・オブ・セマラン大学のチャニフ・チャニフは、手術を受けた後の痛みとマッサージの関連性を調べた論文を集め、マッサージには痛みを軽減する効果があると結論づけた。

8 米国アイオワ州立大学のブラド・ブッシュマンは、男女300名ずつの600名におこなった。

9 米国オハイオ州にあるアクロン大学のマーク・ヨーダーは、66歳から101歳までの人を対象に、自分自身、あるいは配偶者のユーモア・センスに得点をつけてもらい調査した。

10 米国ピッツバーグ大学のジェシー・ヴァンスウェアリンゲンは、大学の顔面神経センターにやってきた外来患者を調べた。

11 オランダにあるアムステルダム大学のスカイラー・ホークは、プロの俳優にお願いして、ハッピーな声、悲しい声、不機嫌な声を出してもらい、その声を録音した音声を40名の女子大学生に聞かせた。そして「同じ声を真似して出してください」という実験をおこなった。

12 米国イエール大学のジュディス・ロビンによる。

13 18か月間の平均死亡率も30%から15%へと半減した。

おわりに

私は長いこと、「幸せな人生を歩むためのヒント」のような本を書いてみたいと思っていました。

心理学の研究、特にポジティブ心理学と呼ばれる領域の研究成果を参考にすれば、だれでも幸せになれるという確信があったからです。

多くの人は、心の中に悩みや屈託を抱えながら生きています。

なぜ、なかなか悩みを解消してスッキリできないのかというと、そのやり方がわからないからでしょう。

悶々とした気持ちをどう処理したらいいのかがわからないので、悩みの状態を甘んじて受け入れざるを得ない状況に陥っているのではないかと思われます。

そんな悩める人たちに向けて、「こうするといいよ」という心理的なアドバイスをしたいと思い、本書を執筆しました。


ポジティブ心理学で明らかにされているテクニックを使えば、だれでも幸せな人生を歩むことができます。

ほんのちょっとしたテクニックを知っているかどうかで、自分の人生は大きく変わるのです。

本書では、これでもかというほどのテクニックを取り上げてきましたから、少なくともいくつかのテクニックは、「これは、私にも使えそうだ！」と感じてもらえたのではないかと思います。

もし自分でも使えそうなテクニックが見つかったら、ぜひ日々の生活の中でそれを試してみてください。悩みが消えて、晴れ晴れとした気持ちで人生を歩んでいただきたいと思います。

本書を読んでくださったあなたが、陰鬱な人生でなく、晴れやかで、素晴らしい人生を歩んでいけることを願っています。

内藤　誼人

VanSwearingen, J. M., Cohn, J. F., & Bajaj-Luthra, A. 1999 Specific impairment of smiling increases the severity of depressive symptoms in patients with facial neuromuscular disorders. Aesthetic Plastic Surgery ,23, 416-423.

Wang, C., Bannuru, R., Ramel, J., Kupelnick, B., Scott, T., & Schmid, C. H. 2010 Tai chi on psychological well-being: Systematic review and meta-analysis. BMC Complementary and Alternative Medicine ,10, biomedcentral.com/1472-6882/10/23.

West, R. & Sohal, T. 2010 "Catastrophic" pathways to smoking cessation: Findings from national survey. British Medical Journal ,12,742-747.

Wilver, N. L., Summers, B. J., & Cougle, J. R. 2020 Effects of safety behavior fading on appearance concerns and related symptoms. Journal of Consulting and Clinical Psychology ,88, 65-74.

Wood, A. M., Joseph, S., Lloyd, J., & Atkins ,S. 2009 Gratitude influences sleep through the mechanism of pre-sleep cognitions. Journal of Psychosomatic Research ,66, 43-48.

Yoder, M. A., & Haude, R. H. 1995 Sense of humor and longevity: Older adults' ratings for deceased siblings. Psychological Reports ,76, 945-946.

Shulman, S., Tuval-Mashiach, R., Levran, E., & Anbar, S. 2006 Conflict resolution patterns and longevity of adolescent romantic couples: A 2-year follow-up study. Journal of Adolescence ,29,575-588.

Soetens, B., Braet, C., Dejonckheere, P., & Roets, A. 2006 'When suppression backfires': The ironic effects of suppressing eating-related thoughts. Journal of Health Psychology ,11, 655-668.

Sommer, M., de Rijke, J. M., van Kleef, M., Kessels, A. G. H., Peters, M. L., Geurts, J. W., Ptijn, J., Gramke, H. F., & Marcus, M. A. E. 2010 Predictors of acute postoperative pain after elective surgery. Clinical Journal of Pain ,26, 87-94.

Steel, P. 2007 The nature of procrastination: A meta-analysis and theoretical review of quintessential self-regulatory failure. Psychological Bulletin ,133, 65-94.

Stovitz, S. D., VanWormer, J. J., Center, B. A., & Bremer, K. L. 2005 Pedometers as a means to increase ambulatory activity for patients seen at a family medicine clinic. The Journal of the American Board of Family Medicine ,18,335-343.

Tai, K., Zheng, X., & Narayanan, J. 2011 Touching a Teddy Bear mitigates negative effects of social exclusion to increase prosocial behavior. Social Psychological and Personality Science ,2, 618-626.

Updegraff, J. A. & Suh, E. M. 2007 Happiness is a warm abstract thought: Self-construal abstractness and subjective well-being. The Journal of Positive Psychology ,2, 18-28.

Urcuyo, K. R., Boyers, A. E., Carver, C. S., & Antoni, M. H. 2005 Finding benefit in breast cancer: Relations with personality, coping, and concurrent well-being. Psychology and Health ,20, 175-192.

Van Dierendonck, D., & Mevissen, N. 2002 Aggressive behavior of passengers, conflict management behavior, and burnout among trolley car drivers. International Journal of Stress Management ,9,345-355.

Van Mierlo, M. L., Van Heugten, C. M., Post, M.W. M., de Kort, P. L. M., & Visser-Meily, J. M. A. 2015 Life satisfaction post stroke: The role of illness cognitions. Journal of Psychosomatic Research ,79,137-142.

Rodrigue, J. R., Baz, M. A., Widows, M. R., & Ehlers, S. L. 2005 A randomized evaluation of quality-of-life therapy with patients awaiting lung transplantation. American Journal of Transplantation ,5, 2425-2432.

Rudman, L. A. & Heppen, J. B. 2003 Implicit romantic fantasies and women's interest in personal power: A glass slipper effect? Personality and Social Psychology Bulletin ,29, 1357-1370.

Ruini, C., Ottolini, F., Tomba, E., Belaise, C., Albieri, E., Visani, D., Offidan, E., Caffo, E., & Fava, G. A. 2009 School intervention for promoting psychological well-being in adolescence. Journal of Behavior Therapy and Experimental Psychiatry ,40, 522-532.

Rye, M. S., Folck, C. D., Olszewski, B. T., & Traina, E. 2004 Forgiveness of an ex-spouse: How does it relate to mental health following a divorce? Journal of Divorce & Remarriage ,41, 31-51.

Sandberg, T. & Conner, M. 2009 A mere measurement effect for anticipated regret: Impacts on cervical screening attendance. British Journal of Social Psychology ,48, 221-236.

Sansone, C., Weir, C., Harpster, L., & Morgan, C. 1992 Once a boring task always a boring task? Interest as a self-regulatory mechanism. Journal of Personality and Social Psychology ,63, 379-390.

Schafer, S. M., Colloca, L., & Wager, T. D. 2015 Conditioned placebo analgesia persists when subjects know they are receiving a placebo. The Journal of Pain ,16, 412-420.

Schkade, D. A., & Kahneman, D. 1998 Does living in California make people happy? A focusing illusion in judgments of life satisfaction. Psychological Science ,9, 340-346.

Schotanus-Dijkstra, M., Pieterse, M. E., Drossaert, C. H. C., Walburg, J. A., & Bohlmeijer, E. T. 2017 Possible mechanisms in a multicomponent email guided positive psychology intervention to improve mental well-being, anxiety and depression: A multiple mediation model. The Journal of Positive Psychology ,doi.org/10.10180/17439760.2017.1388430.

Shea, C. T., Davisson, E. K., & Fitzsimons, G. M. 2013 Riding other people's coattails: Individuals with low self-control value self-control in other people. Psychological Science ,24, 1031-1036.

Nyhan, B., Richey, S., & Freed, G. L. 2014 Effective messages in vaccine promotion: A randomized trial. Pediatrics ,133, e835-e842.

Offer, D. & Schonert-Reicl, K. A. 1992 Debunking the myths of adolescence:Finding from recent research. Journal of American Academy of Child & Adolescent Psychiatry ,31, 1003-1014.

Ogden, J., Wood, C., Payne, E., Fouracre, H., & Lammyman, F. 2018 'Snack' versus 'meal': The impact of label and place on food intake. Appetite ,120,666-672.

Oldham-Cooper, R. E., Hardman, C. A., Nicoll, C. E., Rogers, P. J., & Brunstrom, J. M. 2011 Playing a computer game during lunch affects fulness, memory for lunch, and later snack intake. American Journal of Clinical Nutrition ,93, 308-313.

Park, N., Peterson, C., & Seligman, M. E. P. 2004 Strengths of character and well-being. Journal of Social and Clinical Psychology ,23, 603-619.

Peterson, C. & Vaidya, R. S. 2001 Explanatory style, expectations, and depressive symptoms. Personality and Individual Differences ,31, 1217-1223.

Posavac, S. & Posavac, H. D. 2002 Predictors of women's concern with body weight: The role of perceived self-media ideal discrepancies and self-esteem. Eating Disorders ,10, 153-160.

Provencher, W., Polivy, J., & Herman, C. P. 2009 Perceived healthiness of food. If it's healthy, you can eat more! Appetite ,52, 340-344.

Pressman, S. D. & Cohen, S. 2007 Use of social words in autobiographies and longevity. Psychosomatic Medicine ,69, 262-269.

Ptacek, J. T., Leonard, K., & Mckee, T. L. 2004 "I've got some bad news...': Veterinarians' recollections of communicating bad news to clients. Journal of Applied Social Psychology ,34, 366-390.

Rafanelli, C., Gostoli, S., Tully, P. J., & Roncuzzi, R. 2016 Hostility and the clinical course of outpatients with congestive heart failure. Psychology and Health ,31, 228-238.

Robin, J., & Langer, E. J. 1977 Long-term effects of a control-relevant intervention with the institutionalized aged. Journal of Personality and Social Psychology ,35, 397-402.

Ebola worry and risk perception by enhancing rational thinking. Applied Psychology: Health and Well-Being ,9, 387-409.

Kushlev, K., Heintzelman, S. J., Oishi, S., & Diener, E. 2018 The declining marginal utility of social time for subjective well-being. Journal of Research in Personality ,74, 124-140.

Lambert, M. J. 1976 Spontaneous remission in adult neurotic disorders: A revision and summary. Psychological Bulletin ,83, 107-119.

Larsen, R. J., Kasimatis, M., & Frey, K. 1992 Facilitating the furrowed brow: An unobtrusive test of the facial feedback hypothesis applied to unpleasant affect. Cognition and Emotion ,6, 321-338.

LeRoy, A. S., Murdock, K. W., Jaremka, L. M., Loya, A., & Fagundes, C. P. 2017 Loneliness predicts self-reported cold symptoms after a viral challenge. Health Psychology ,36,512-520.

Levy, B. 1996 Improving memory in old age through implicit self-stereotyping. Journal of Personality and Social Psychology ,71, 1092-1107.

Linville, P. W. 1987 Self-complexity as a cognitive buffer against stress-related illness and depression. Journal of Personality and Social Psychology ,52, 663-676.

Maxson, P. J., Berg, S., & McClearn, G. 1996 Multidimensional patterns of aging in 70-year-olds: Survival differences. Journal of Aging and Health ,8, 320-333.

McAlister, A., Perry, C., Killen, J., Slinkard, L. A., & Maccoby, N. 1980 Pilot study of smoking, alcohol and drug abuse prevention. American Journal of Public Health, 70, 719-721.

Mongrain, M., Chin, J. M., & Shapira, L. B. 2011 Practicing compassion increases happiness and self-esteem. Journal of Happiness Studies ,12, 963-981.

Nickerson, C., Schwarz, N., Diener, E., & Kahneman, D. 2003 Zeroing in on the dark side of American dream: A closer look at the negative consequences of the goal for financial success. Psychological Science ,14, 531-536.

Norem, J. K. & Cantor, N. 1986 Defensive pessimism: Harnessing anxiety as motivation. Journal of Personality and Social Psychology ,51, 1208-1217.

and passive leisure to children's well-being. Journal of Health Psychology ,14, 378-386.

Howell, J. L., Koudenburg, N., Loschelder, D. D., Weston, D., Fransen, K., De Dominicis, S., Gallagher, S., & Haslam, S. A. 2014 Happy but unhealthy: The relationship between social ties and health in an emerging network. European Journal of Social Psychology ,44, 612-621.

Hudson, B. F., Ogden, J., & Whiteley, M. S. 2015 Randomized controlled trial to compare the effect of simple distraction interventions on pain and anxiety experienced during conscious surgery. European Journal of Pain ,19, 1447-1455.

James, J. E. & Hardardottir, D. 2002 Influence of attention, focus and trait anxiety on tolerance of acute pain. British Journal of Health Psychology ,7, 149-162.

Jowett, N. & Spray, C. M. 2013 British Olympic hopefuls: The antecedents and consequences of implicit ability beliefs in elite track and field athletes. Psychology of Sport and Exercise ,14, 145-153.

Junge, C., von Soest, T., Weidner, K., Seidler, A., Eberhard-Gran, M., & Garthus-Niegel, S. 2018 Labor pain in women with and wighout severe fear of childbirth: A population-based, longitudinal study. Birth ,45,469-477.

King, L. A. 2001 The health benefits of writing about life goals. Personality and Social Psychology Bulletin ,27, 798-807.

Klassen, A., Fitzpatrick, R., Jenkinson, C., & Goodacre, T. 1996 Should breast reduction surgery be rationed? A comparison of the health status of patients before and after treatment: Postal questionnaire survey. British Medical Journal ,313,454-457.

Koole, S. L., Tjew-A-Sin, M., & Schneider, I. K. 2014 Embodied terror management: Interpersonal touch alleviates existential concerns among individuals with low self-esteem. Psychological Science ,25, 30-37.

Kross, E., Berman, M. G., Mischel, W., Smith, E. E., & Wager, T. D. 2011 Social rejection shares somatosensory representations with physical pain. Proceedings of the National Academy of Sciences ,108, 6270-6275.

Kross, E., Vickers, B. D., Orvell, A., Gainsburg, I., Moran, T. P., Boyer, M., Jonides, J., Moser, J., & Ayduk, O. 2017 Third-person self-talk reduces

Gerhart, K. A., Koziol-McLain, J., Lowenstein, S. R., & Whiteneck, G. G. 1994 Quality of life following spinal cord injury: Knowledge and attitudes of emergency care providers. Annals of Emergency Medicine ,23, 807-812.
Gilbert, P., McEwan, K., Mitra, R., Franks, L., Richter, A., & Rockliff, H. 2008 Feeling safe and content: A specific affect regulation system? Relationship to depression, anxiety, stress, and self-criticism. Journal of Positive Psychology ,3, 182-191.

Gillham, J. E., Reivich, K. J., Jaycox, L. H., & Seligman, M. E. P. 1995 Prevention of depressive symptoms in school children: Two-year follow up. Psychological Science ,6, 343-351.

Goldenberg, J. L., Ginexi, E. M., Sigelman, C. K., & Poppen, P. J. 1999 Just say no: Japanese and American styles of refusing unwanted sexual advances. Journal of Applied Social Psychology ,29, 889-902.

Grandey, A. A., Fisk, G. M., & Steiner, D. D. 2005 Must "Service with a smile" be stressful? The moderating role of personal control for American and French employees. Journal of Applied Psychology ,90, 893-904.

Hanson, S. & Jones, A. 2015 Is there evidence that walking groups have health benefits? A systematic review and meta-analysis. British Journal of Sports Medicine ,49, 710-715.

Hanssen, M. M., Peters, M. L., Vlaeyen, J. W. S., Meevissen, Y. M. C., & Vancleef, L. M. G. 2013 Optimism lowers pain: Evidence of the causal status and underlying mechanisms. Pain ,154, 53-58.

Hawk, S. T., Fischer, A. H., & Van Kleef, G. A. 2012 Face the noise: Embodied responses to nonverbal vocalizations of discrete emotions. Journal of Personality and Social Psychology ,102, 796-814.

Hilbert, A., Braehler, E., Haeuser, W., & Zenger, M. 2014 Weight bias internalization, core self-evaluation, and health in overweight and obese persons. Obesity ,22, s79-s85.

Hogan, C. L., Catalino, L. I., Mata, J., & Fredrickson, B. L. 2015 Beyond emotional benefits: Physical activity and sedentary behaviour affect psychological resources through emotions. Psychology & Health ,30, 354-369.

Holder, M. D., Coleman, B., & Shen, Z. L. 2009 The contribution of active

Psychology ,39, 1417-1431.

Constantinople, A. 1970 Some correlates of average level of happiness among college students. Developmental Psychology ,2, 447.

Cornwell, T. B. & McAlister, A. R. 2013 Contingent choice. Exploring the relationship between sweetened beverages and vegetable consumption. Appetite ,62, 203-208.

Crum, A. J., & Langer, E. J. 2007 Mind-set matters: Exercise and the placebo effect. Psychological Science ,18, 165-171.

Davidson, R.J., et al. 2003 Alterations in brain immune function produced by mindfulness meditation. Psychosomatic Medicine ,65, 564-570.

Diab, D. L., Gillespie, M. A., & Highhouse, S. 2008 Are maximizers really unhappy? The measurement of maximizing tendency. Judgment and Decision Making ,3, 364-370.

Doll, J., Livesey, J., McHaffie, E., & Ludwig, T. D. 2007 Keeping an uphill edge: Managing cleaning behaviors at a ski shop. Journal of Organizational Behavior Management ,27, 41-60.

Forgas, J. P. & East, R. 2008 On being happy and gullible: Mood effects on skepticism and the detection of deception. Journal of Experimental Social Psychology ,44, 1362-1367.

Fowler, J. H. & Christakis, N. A. 2008 Dynamic spread of happiness in a large social network: Longitudinal analysis over 20 years in the Framingham heart study. British Medical Journal ,337, 1-9.

Froh, J. J., Kashdan, T. B., Ozimkowski, K. M., & Miller, N. 2009 Who benefits the most from a gratitude intervention in children and adolescents? Examining positive affect as a moderator. Journal of Positive Psychology ,4, 408-422.

Gabhainn, S. N., Kelleher, C. C., Naughton, A. M., & Carter, F. 1999 Socio-demographic variations in perspectives on cardiovascular disease and associated risk factors. Health Education Research ,14, 619-628.

Gerdtham, U. G., & Johannesson, M. 2001 The relationship between happiness, health, and socio-economic factors: Results based on Swedish microdata. Journal of Socio-Economics ,30, 553-557.

of accumulated daily stair-climbing exercise in previously sedentary young women. Preventive Medicine ,30, 277-281.

Brandes, L. & Dover, Y. 2022 Offline context affects online reviews:The effect of post-consumption weather. Journal of Consumer Research ,49, 595-615.

Burton, C. M. & King, L. A. 2008 Effects of (very) brief writing on health: The two-minute miracle. British Journal of Health psychology ,13, 9-14.

Bushman, B. J. 2002 Does venting anger feed or extinguish the flame? Catharsis, rumination, distraction, anger, and aggressive responding. Personality and Social Psychology Bulletin ,28, 724-731.

Cassel, L. & Suedfeld, P. 2006 Salutogenesis and autobiographical disclosure among holocaust survivors. Journal of Positive Psychology ,1, 212-225.

Carlisle, A. C. S., John, A. M. H., Fife-Schaw, C., & Lloyd, M. 2005 The self-regulatory model in women with rheumatoid arthritis: Relationships between illness representations, coping strategies, and illness outcome. British Journal of Health Psychology ,10, 571-587.

Carton, A. M., & Aiello, J. R. 2009 Control and anticipation of social interruptions: Reduced stress and improved task performance. Journal of Applied Social Psychology ,39, 169-185.

Chancellor, J., Margolis, S., & Lyubomirsky, S. 2018 The propagation of everyday prosociality in the workplace. Journal of Positive Psychology ,13, 271-283.

Chanif, C., Petichetchian, W., & Chongchareon, W. 2013 Does foot massage relieve acute postoperative pain? A literature review. Nurse Media Journal of Nursing ,3, 483-497.

Ciarrocchi, J. W., Dy-Liacco, G. S., & Deneke, E. 2008 Gods or rituals? Relational faith, spiritual discontent, and religious practices as predictors of hope and optimism. Journal of Positive Psychology ,3, 120-136.

Cohen, S., Janicki-Deverts, D., Turner, R. B., & Doyle, W. J. 2015 Does hugging provide stress-buffering social support? A study of susceptibility to upper respiratory infection and illness. Psychological Science ,26, 135-147.

Conley, T. D., Roesch, S. C., Peplau, L. A., & Gold, M. S. 2009 A test of positive illusions versus shared reality models of relationship satisfaction among gay, lesbian, and heterosexual couples. Journal of Applied Social

Ai, A. L., Tice, T. N., Whitsett, D.D., Ishisaka, T., & Chim, M. 2007 Posttraumatic symptoms and growth of Kosovar war refugees: The influence of hope and cognitive coping. Journal of Positive Psychology ,2, 55-65.

Algoe, S. B., Dwyer, P. C., Younge, A., & Oveis, C. 2020 A new perspective on the social functional of emotions: Gratitude and the witnessing effect. Journal of Personality and Social Psychology ,119, 40-74.

Almqvist, E. W., Brinkman, R. R., Wiggins, S., Hayden, M. R., & The Canadian Collaborative Study of Predictive Testing. 2003 Psychological consequences and predictors of adverse events in the first 5 years after predictive testing for Huntington's disease. Clinical Genetics ,64, 300-309.

Amsterdam, J. V., Opperhuizen, A., Koeter, M., & van den Brink, W. 2010 Ranking the harm of alcohol, tobacco and illicit drugs for the individual and the population. European Addiction Research ,16, 202-207.

Ardelt, M., Geriach, K. R., & Vaillant, G. 2018 Early and midlife predictors of wisdom and subjective well-being in old age. Journal of Gerontology ,73, 1514-1525.

Baron-Cohen, S., Bolton, P., Wheelwright, S., Schahill, V., Short, L., Mead, G., & Smith, A. 1998 Autism occurs more often in families of physicists, engineers, and mathematicians. Autism ,2, 296-301.
Barthomeuf, L., Rousset, S., & Droit-Volet, S. 2009 Emotion and food. Do the emotions expressed on other people's faces affect the desire to eat liked and disliked food products? Appetite ,52,27-33.

Bashaw, R. E., & Grant, E. S. 1994 Exploring the distinctive nature of work commitments: Their relationships with personal characteristics, job performance, and propensity to leave. Journal of Personal Selling & Sales Management ,14, 41-56.

Bluvstein, I., Moravchick, L., Sheps, D., Schreiber, S., & Bloch, M. 2013 Posttraumatic growth, posttraumatic stress symptoms and mental health among coronary heart disease survivors. Journal of Clinical Psychology in Medical Settings ,20, 164-172.

Boon, B., Stroebe, W., Schut, H., & Ijntema, R. 2002 Ironic processes in the eating behaviour of restrained eaters. British Journal of Health Psychology ,7,1-10.

Boreham, C. A. G., Wallace, W. F.M., & Nevill, A. 2000 Training effects

著者
内藤誼人（ないとう・よしひと）
心理学者。立正大学客員教授。有限会社アンギルド代表。慶應義塾大学社会学研究科博士課程修了。
社会心理学の知見をベースにした心理学の応用に力を注いでおり、とりわけ「自分の望む人生を手に入れる」ための実践的なアドバイスに定評がある。
主な著書に、『気にしない習慣　よけいな気疲れが消えていく61のヒント』『面倒くさがりの自分がおもしろいほどやる気になる本』『図解　身近にあふれる「心理学」が3時間でわかる本』（いずれも明日香出版社）などがある。

考え方ひとつで明日はもっとうまくいく

2024年5月21日 初版発行

著者　内藤誼人
発行者　石野栄一
発行　明日香出版社
〒112-0005 東京都文京区水道2-11-5
電話 03-5395-7650
https://www.asuka-g.co.jp
デザイン　大場君人
校正　遠藤励起
印刷・製本　シナノ印刷株式会社

ISBN 978-4-7569-2329-5